福祉の社会心理学

みんなで幸せになる方法

土肥伊都子・諸井克英 著

ナカニシヤ出版

まえがき

　わが国は，超高齢化社会や少子化社会を迎えています。それに伴い，社会福祉をいかにすべきかが，重大な関心事の一つになってきました。例えば公的介護保険制度が2000年4月より実施されました。少子化対策の一環として，保育の社会化や児童手当の支給などについてもしばしば検討が重ねられています。そうした社会の流れにそうように，現在では多くの一般市民の人々が，福祉行政の運営方法や，介護サービス，社会保険料の徴収方法や税金の使い方などに，高い関心をもつようになりました。

　本書は，現在，転換期にあるといわれる社会福祉を，個人個人が主観的に幸せを感じられるものかどうかという角度から考えようと試みたものです。社会福祉の目的には，人権尊重や自己決定（臼井，2000）などがあげられていますが，ここでは，個人が「自分は幸せである」と感じることに焦点を当てたいと思います。「福祉」という熟語の「福」と「祉」の2つの漢字は，どちらも「幸せ」を意味しているのですが，社会福祉が本当に個人の幸せに役立っているかどうかという点について，もっと検討される必要があると考えるからです。また，社会を構成している全ての個人が幸福感をもてることが，社会福祉の成功の証であると考えます。現に，個人の幸福感，日常生活の充実感，将来の不安のないこと，孤独を感じないことなど心理的なものも，社会福祉政策を考えるために参考にされる指標とされています。

　現在，筆者らが専門とする社会心理学では，「主観的幸福感」や「援助行動」，「社会的信頼」，「社会的公正」，「社会的比較」，「帰属」，

「孤独感」,「ステレオタイプ」,「ジェンダー(性役割)」などの研究があります。それらの研究の中から,社会福祉によって社会の多くの人々が幸せになれる方法のヒントを掘り起こそうというわけです。

そこで第1章では,まず主観的幸福感とは何なのか,どのような方法で測定したものを指しているのか,何が幸福感を決定していくのか,その原理と具体的な要因について,概論します。そして,自己欺瞞的に自分を幸福だと思いこむ幸福感幻想や,他者と比較したり自分の過去や将来との比較から,「現実的に」幸福の度合いを自己評価する様子をみていきます。また,収入や生活水準と幸福感との関係,わが国高齢者の幸福感の特徴などについての研究結果も紹介します。さらに,個人の主観的幸福感の指標が福祉制度に活用される場合に,注意が必要であることを示します。

第2章では,他者を援助し援助され,お互いが幸せになることの難しさについて考えてみます。本書の副題にもあるように,「みんなで」幸せを実感するために,助け合いは必要不可欠です。しかし悲しいことに,人間は愛他性だけで人助けするわけではありません。一方では見返りを期待したり,自分が助けなくても助けるべき人は他にも大勢いるのではないか,などという気持ちを他方でもち続けているのです。また,「社会的弱者」という烙印を押した後でその人を援助するというやり方や,援助される方の主体性や個性を無視したやり方は,かえって自尊心を損ねることにもなることなどについてもふれてみます。

第3章では,家族の中での個人の幸福について考えます。わが国の家族は「福祉共同体」とみなされています。そのため,例えば家族のだれか1人が寝たきりになるなどの問題が起こった場合,他の家族メンバーの生活に,多大な影響が及びます。しかしそれは,家族として当然引き受けねばならない,「運命」とされています。こうして,問題を抱えた家族があきらめの境地に達してしまうのは,近

隣の家族同士が相互に協力しあうような関係が弱いこととも関連しています。しかし，これからの家族は，個人の生活を束縛する場などではなく，むしろ社会とつながっていく個人同士の「安全基地」としての役割を果たせる可能性があると考えます。そこで，個人の幸せ，個人の自立にとっての家族について考えてみます。

また，家族福祉を考えていく際，ジェンダーの視点は重要です。女性にとっての家族とは，女性を経済的な「社会的弱者」にする性役割分担の場でもあると同時に，「弱者救済の場」でもあります。女性を社会的弱者にしないためには，経済的自立が必要ですが，そのために何が求められるのか，パーソナリティや対人関係の面から考えたいと思います。

おしまいに，第1章から第3章までの知見を参考にしながら，「みんなで幸せになる方法」を提案します。すなわち，個人も社会もより主体的に，より合理的になることについてです。

本書は，社会心理学の応用分野として，社会福祉を取り上げてみたものです。福祉心理学と銘打った著書は，これまでにもわが国で数冊既刊されています。例えば，児童相談所の心理判定員である著者が児童福祉や児童を対象とした臨床心理学の見地から著した「児童福祉心理学」（箕原，1983），発達心理学者による「福祉心理学入門」（岡田，1995）や「福祉心理学」（佐藤・山根，1998），発達心理学と臨床心理学の理論的枠組みを用いてこころの問題としての少子化について著された「子どもを持たないこころ−少子化問題と福祉心理学−」（青木・神宮編著，2000）などです。しかし，社会心理学の知見を基にした「福祉心理学」の著書は，筆者の知る限り，まだ1冊もありません。

本書では取り扱わなかった領域を含め，社会心理学が福祉社会の実現に貢献できる可能性は，大いにあると考えられます。例えば，福祉施設が税金逃れをしたり不正な政府補助金を受け取ったりする

問題が後を絶ちません。これが福祉制度を揺るがすことにもなっているのですが，こうした問題，すなわち人々が自分ひとりぐらいと勝手な行動をし，それが社会全体の損失に跳ね返ってしまうことについては，社会的ジレンマの研究蓄積があります。また，老人医療費支給制度が導入された1973年以降，老人医療費は驚異的に増大し，9年後には制度の変更を余儀なくされました。そこで，定額制でサービスを受給されると，コスト意識が起こりにくく無駄遣いをしてしまう問題が指摘されたわけですが，福祉制度における個人の損得感情などを探るためには，現実生活をシミュレーション・ゲームに見立てる社会心理学の実験的研究方法が役に立つと期待できるでしょう。

　最後になりましたが，市民意識調査の公表を快諾して下さった三田市と，出版の機会を与えて下さったナカニシヤ出版編集部の宍倉さんおよび松下さんに心よりお礼申し上げます。

　　　　　　　　　　　　　　　執筆者を代表して　土肥伊都子

目　　次

まえがき　1

第1章　幸せになるために　7

　社会福祉と幸福　7
　幸福感の幻想　10
　どのような人が幸福なのか　21
　幸福感と性格　26
　高齢期における幸福感　33
　わが国の高齢者は幸福？　36
　幸福感をめざす福祉政策のディレンマ　41
　おわりに　43

第2章　お互いに援助し合う社会　47

　援助行動の光と影　47
　　1.「自己成長」の道具としてのボランティア活動　48
　　2. 見捨てられる他者　53
　　3. 身勝手な人助け　56
　個人の幸福を確信させる福祉政策　62
　相互援助の重要性　65
　介護者の側の苦悩　70
　おわりに　73

第3章　家族の幸せ, 私の幸せ　　77

家族単位の福祉　77
1. 福祉共同体としての家族　77
2. 家族の中で幸せか　79
3. 社会とのつながりを弱める家族福祉　83
4. 家族内の援助を援助する　89

家族の福祉とジェンダー　93
1. 家族福祉をジェンダーの視点からみる　93
2. 女性は「社会的弱者」　94
3. 女性という弱者救済の問題点　96
4. 性別分業社会では弱者はなくならない　97
5. 女性が経済的に自立できる社会へ　99
6. パート労働が経済的自立を阻む　101

家族の中で幸せになるための条件　104
1. 多重な役割従事と, それを支えるジェンダー・フリー意識　104
2. 「夫婦二人で一人前」の「甘え」を捨てる　107
3. 結婚を「人生の選択肢のひとつ」にできる社会へ　112
4. 家族は生活選択肢を増やすためのものと考える　117

あとがき──幸せへの第一歩──　124

引用文献一覧　129

索　引　140

1　幸せになるために

諸井克英

社会福祉と幸福

　日本国憲法には，社会福祉政策を基礎づける国民の「幸福追求権」や「最低限度の生活保障権」が定められています。

　〔第13条〕すべての国民は，個人として尊重される。生命，自由及び幸福追求に対する国民の権利については，公共の福祉に限り，立法その他の国政の上で，最大の尊重を必要とする。

　〔第25条〕すべての国民は，健康で文化的な最低限度の生活を営む権利を有する。

　このような法律上の文章では，ふつうは事柄のエッセンスが示してあるだけで，詳細な定義はありません。したがって，日本国憲法のこの箇所でも，具体的にどのような生活が実現すれば「幸福」になれるのかとか，どのような水準が「最低限度」であるのかについて明確にしてあるわけではありません。実は，この問題はきわめて「心理的」な問題をはらんでいるのです。

　例えば，1987年に札幌市内で「母子世帯の母親が三人の子どもを残して」「餓死」した「事件」が起きました（久田，1999）。この「事件」は，生活保護申請を福祉事務所が拒否したために「餓死」という結果を引き起こしたとして福祉行政に対する社会的非難を巻き起こします。しかし，久田（1999）によると，問題の所在は，実は

別のところにあります。この「事件」は,「自力で最低生活を維持する状態」の基準の曖昧さのために起きたのです。

近年,「最低限度の生活」に対してわれわれがもつイメージからかけ離れた生活を営んでいる人々が都市の生活空間の中に多く見られるようになりました。つまり,定職はおろか定住先もない「ホームレス」です。定住先があるとすれば,路上の一角に組み立てられた「段ボールハウス」です。例えば,東京都は,この問題の解決策として1996年1月に新宿の地下歩道に「建設」された「段ボールハウス」を強制排除しました。中村（1998）は,そのような「ホームレス」の生活実態を丹念に描く中で,時には「生活保護費」に頼りながらも結局は路上に「定住」することに「ホームレス」がある種の「安らぎ」を感じ取っていることを指摘しています。また,佐藤（2000）は,増加する「女性ホームレス」（東京23区内には約5500人のホームレスがおり,うち140人が女性）に接する中で,「誰にも気兼ねせずに生きられる。今が一番,幸せ」という言葉を得ます。

これらの例は,「何が満たされれば人間は幸福になれるのか」ということの絶対基準がないことを示しています。結局のところ,社会福祉政策は,物質的充足度というある種の「公準」を設定し「幸福の追求」を具体化することによって成り立っています。しかし,幸福とはそもそも心理的なものであり,可視的な「もの」によって絶対的に定義されないのです。

人間の幸福感については,心理学では,幸福（happiness）や主観的幸福感（subjective well-being）という概念を用いた実証的な研究が多く生み出されています。「幸せですか?」というような直接の質問が行われる場合には幸福という概念が使用され,生活満足感（life satisfaction）や気分などの多様な観点から測定されている場合には主観的幸福感という概念が用いられることが多いように思われます。もっともこの区別は厳密ではなく,研究者の「好み」に負うところ

表1-1-a　生活満足感尺度―試訳―（Diener *et al.*, 1985より）

1　ほとんどの点で，私の人生は私の理想通りである。
2　私の人生のありさまは，すばらしいものである。
3　私は，自分の人生に満足している。
4　今までのところは，私は自分が人生の中で望んでいる重要なものを手に入れている。
5　私は，もう一度自分の人生をやり直したとしても，ほとんど同じことになるだろう。

大学生（N=176）：a =.87，再検査係数（2ヵ月間隔）=.82
主軸法による第Ⅰ因子説明率（未回転）66%

が大きいように思われます。

　幸福感を測定するために，さまざまな質問紙が考案されています。これらは，幸福の「認知的」側面と「情動的」側面を測っていると考えられます（Diener, 1984; Argyle, 1987）。前者は，自分自身の生活の質に関する認知的判断を指します。この種類の尺度の例として，表1-1-aにディーナーら（Diener *et al.*, 1985）による「生活満足感尺度」を示しました。後者は，日常生活の中で感じている気分や感情のことです。最初は，情動経験の心地よさという1次元上で考えられていました。しかし，肯定的感情と否定的感情が実は独立していることがさまざまな研究によって明らかにされました。つまり，日常生活の中で肯定的感情を多く経験する人が必ずしも否定的感情を抱かないというわけではないのです。表1-1-bには，ワトソンら（Watson *et al.*, 1988）が作成したPANAS尺度の両感情項目が示してあります。幸福感研究の文脈ではありませんが，小川ら（2000）は，全般的な感情状態を測定する尺度の作成を試み，「肯定的感情」，「否定的感情」，「安静状態」という3側面を抽出しています。また，わが国においても，植田ら（1992）や嶋（1997）などが幸福感尺度を独自に作成しています。

　本章では，幸福感に関する社会心理学的研究がもたらした種々の知見を援用しながら，社会福祉の大きな目的である人間の「幸福」

表1-1-b　PANAS尺度項目―試訳―

(Watson *et al.*, 1988より)

〔肯定的感情〕	〔否定的感情〕
熱心な	おびえた
興味のある	恐ろしい
決意の固い	動転した
興奮した	悩みのある
奮い立つ	びくびくした
機敏な	いらいらした
活動的な	恥じ入った
力強い	気がとがめる
誇り高い	怒りっぽい
心を集中した	敵意のある

状態の実現について考えることにします。

幸福感の幻想

総理府が実施している全国調査をみると(総理府広報室編, 1998)、次のような興味深い傾向がみられます。

① 「現在の生活に対する満足度」では、1958年から1997年に至るまで、オイルショック後にせいぜい「満足している」者の割合が50.4％(1974年11月)に低下しただけでほぼ6割の者が現在の生活に満足している。

② 「日ごろの生活に充実感」をもつ者の割合も1974年11月が最低で(58.1％)、20年以上にわたって6割以上の者が充実感を抱いている。

つまり、日本人の幸福感は全体的には高いのです。

三浦(1999)は、わが国における戦後の「幸福」が「大衆消費社会の到来」を背景とする「郊外の一戸建て住宅」願望の創出に由来することを指摘しています。彼によれば、家族崩壊などの現代的「不幸」は、実はこの郊外化に起因するのです。しかし、三浦の論点の是非はともかくとして、全国調査(総理府広報室編, 1998)をみ

る限り，日本人の幸福感は高いのです。

　ところが，このような傾向は，日本人独特のものではなく，欧米の心理学者によって早くから気づかれていました。つまり，各種の社会調査や質問紙研究で，大半の者が自分を幸福だと報告する傾向の背景にある心理−社会的要因の探求が，幸福感研究の重要な主題の1つになっています。

　ディーナーとディーナー（Diener & Diener, 1996）は，幸福感を尋ねた種々の調査で「大半の人々が自分を幸福だと考えている」ことを示す結果が得られていることについて，測定方法の点から検討しました。彼らは，大学生，障害者，高齢者を対象として，次の4通りの方法を用いて幸福感の測定を試みました。①自己報告尺度，②家族や友だちによる他者評定，③無作為にその時点の気分を尋ねる日常経験サンプリング法，④過去の生活出来事の想起。どのサンプルの場合も，いずれの方法でも「大半の人々が自分を幸福だと考えている」傾向が得られ，測定方法上の歪みではないと判断されました。さらに，ディーナーとディーナーは，有識者，心理学専攻学生，臨床心理学専攻大学院生に，抑うつを患ったことのある米国人の割合や，肯定的な生活満足感を抱く者の割合を推測させました。その結果，抑うつが過大推定，生活満足感が過小推定されました。つまり，「専門家」は，幸福感の高さに気づいていなかったのです。

　このように，客観的にはさまざまな環境条件におかれたり，さまざまな経験をしているはずですのに，大半の人々が「幸せだ」と判断するのはなぜでしょうか。先述したように，わが国の「オイルショック」の時でさえ，半数の人々が「幸福」だったのです。「順応水準」という心理学的概念がこの現象をうまく説明してくれます。たとえば，同じ1kgの荷物でも，2kgの荷物を持った後では軽く，500gの荷物を持った後では重く感じます。つまり，先に持った荷物が引き起こす感覚がその後の「重さ」判断のための「基準」になってい

るわけです。この基準を「順応水準」と呼びます。これは，絶対的基準ではなく，生活経験の中で変動します（古崎，1981）。この順応水準の考えからは，幸福感は相対的なものになります。

ブリックマンら（Brickman *et al.*, 1978）は，宝くじに当たった者（5万ドル〜100万ドル）や，事故によって身体麻痺になった者の幸福感を調べました。統制群として，宝くじに当たった者と同じ地域の者が電話帳によって無作為に選ばれました。結果が表1-2に示してあります。宝くじ当選者の幸福感は，統制群の者と変わりません。麻痺になった者は，現在の幸福感は統制群よりも低いのですが，昔の幸福感はむしろ高くなっています。また，将来の幸福感は同じ高さです。

その時に起きた出来事の正負とその程度によって幸福感が左右されるのであれば，このような結果にはならないはずです。つまり，幸運と出くわした者も，不運な目に遭った者も，幸福感に関する順応水準が変化したのです。宝くじ当選は，宝くじに当たった人の「順応水準」を上昇させます。そのため，多くの通常経験する出来事の心地よさが低下してしまい，宝くじ当選自体がもたらす心地よさ

表1-2 経験した出来事の正負と幸福感 （Brickman *et al.*, 1978）

	一般的幸福感[a]			日常経験の心地よさ[b]
	過去	現在	未来	
宝くじ当選者 （N=22）	3.77	4.00	4.20	3.33
統制群 （N=22）	3.32	3.82	4.14	3.82
身体麻痺者 （N=29）	4.41	2.96	4.32	3.48

*: $p<.05$; **: $p<.01$
(a) 得点が高いほど幸福感が高い（0-6）。
(b) 日常経験（友だちと話す，テレビをみるなど）を表す8項目の心地よさ（得点が高いほど心地よい；0-6）。ただし，身体麻痺群では7項目。

は相殺されることになります。また,新たな高い「順応水準」のために,その後起きる肯定的な出来事も心理的には快適なものにはならなくなります。逆に不運な目に遭った人の場合には,これらの逆のことが起きるのです。表1-2には結果が示してあります。ブリックマンら(1978)が予想したように,宝くじ当選者は,日常経験の心地よさを低下させ,幸福感を上昇させていません。また,身体麻痺者は,その時点での幸福感を低下させていますが,過去の幸福感を過大に評価し,将来は「普通」の人々と変わらない高さの幸福を予想しています。

クラウズとシュテルンバーグ(Krause & Sternberg, 1997)は,脊髄損傷の外来患者を対象に生活満足感を1985年と1994年の2回にわたり検討しました。なお,2回の調査のサンプルは回答者が重複していない独立サンプルです。調査年度を独立変数とし,患者の年齢と損傷してからの経過年数の影響を取り除くために共分散分析が行われ,次の結果が見いだされました。

　①1994年のほうが一般的に生活満足感が低い。
　②高年齢になるほど満足感が低くなる。
　③損傷経過年数が長いほど満足感が高くなる。

①は,彼らがおかれている生活環境の悪化を示しています。②は,老化による正味の心理的不利益を反映しています。③については,クラウズとシュテルンバーグは,「漸進的学習過程」という概念を用いて説明しています。脊髄損傷は,最初は本人にとって不幸きわまりない出来事ですが,今までよりも「順応水準」を低下させることにより,脊髄損傷に伴う種々の不具合に適応できるのです。

ヘッディとウェアリング(Headey & Wearing, 1989)は,ブリックマンら(1978)の知見を少ない被験者数のわりに過大評価されていると指摘しながらも,「順応水準」の考えをとりいれた力動的平衡モデルを提起しています。ヘッディとウェアリングは,4時点にわた

るパネル調査を行い（1981, 1983, 1985, 1987年），主観的幸福感の3次元の測定（生活満足感，肯定的感情，否定的感情）に加え，ライフ・イベントも尋ねました。ライフ・イベントとは，その人に大きな影響をおよぼすと考えられる重大な出来事や生活上の変化のことです。

主観的幸福感3指標それぞれの4時点間の相関をみますと，中程度の安定性が得られました（推定安定性〈相関値÷α係数値〉：.57, .55, .62）。また，当該期間（1981-83, 83-85, 85-87）に経験したライフ・イベント数の相互相関値は，好ましい出来事で.43～.52，有害な出来事で.33～.49でした。性格（1981年時点測定）とライフ・イベント数（1981-83, 83-85, 85-87）の関係をみますと，外向性は好ましい出来事の経験数とのみ正の有意な相関を示し（.19, .15, .14），神経症傾向では有害な出来事の間でのみ正の有意な相関が現れました（.17, .16, .10）。表1-3に示す重回帰分析の結果によると，主観的幸福感は，性格の影響を受けますけれども，それとは独立に出来事の経験の影響も認められることが明らかになりました。つまり，回答者の性格がどうであれ，肯定的な出来事の経験は幸福感を高め，否定的な出来事の経験は逆の結果をもたらすのです。

これらの結果に基づいて，ヘッディとウェアリング（1989）は，力動的平衡モデルを提唱しています。その人が「自分がどのくらい幸福だ」と感じるかや，どのような出来事を経験するかは，かなり安定しています。つまり，各人が固有の「標準的な平衡水準」をもっているのです。偶然の経験はこの「標準的な平衡水準」からの変化を引き起こします。しかし，それは一時的なもので結局のところ，固有の平衡水準に回帰します。それを支えているのは外向性や神経症傾向といった性格の働きによっています。つまり，ヘッディとウェアリングは，コスタとマックレー（Costa & McCrae, 1980）に始まる主観的幸福感への性格論的アプローチに「順応水準」の考えを導

表1-3 性格とライフ・イベント経験が主観的幸福感におよぼす影響―重回帰分析の結果〈標準化偏回帰係数〉―（Headey & Wearing, 1989）

説明変数	生活満足感(1983)	肯定的感情(1983)	否定的感情(1983)
〔第1ステップ〕			
年齢（1981）	.06 ns.	−.07 ns.	−.18
外向性（1981）	.18	.15	−.09 ns.
神経症傾向（1981）	−.20	−.01 ns.	.32
経験開放性（1987）	.07 ns.	.21	.09
〔第2ステップ〕			
好ましい出来事(1981-83)	.11	.29	−.01 ns.
有害な出来事（1981-83）	−.28	−.14	.24
R^2	.17	.16	.22

「ns.」と記した係数以外は，すべて $p<.05$
（　）内の数字は測定年度
経験開放性（1987）は，測定年度が目的変数よりも後であるが，「性格の安定性」を仮定している。

入したのです。この性格論的アプローチについては，後述します。

　私たちは，自分自身の否定的な部分からできるだけ目を背け，肯定的な部分にのみ注意を払うことによって，高い幸福感を維持できます。ロビンソンとライフ（Robinson & Ryff, 1999）は，「自分自身に関する非現実的な肯定的認知」を自己欺瞞（self-deception）と定義し，幸福感における自己欺瞞の機能を明らかにしました。そのような自己欺瞞は，過去や現在よりも将来に関する自分について起こりやすいはずです。つまり，まだ実際に体験されていない将来に関する種々の情報は相対的に曖昧なものであり，そのため肯定的に歪曲しやすいからです。ロビンソンとライフは，一連の研究で，以下の基本仮説を検討しました。

　仮説a：現在や過去の自分よりも将来の自分のほうが幸福であると判断する。

　仮説b：自己欺瞞は将来の幸福判断の重要な規定因となる。

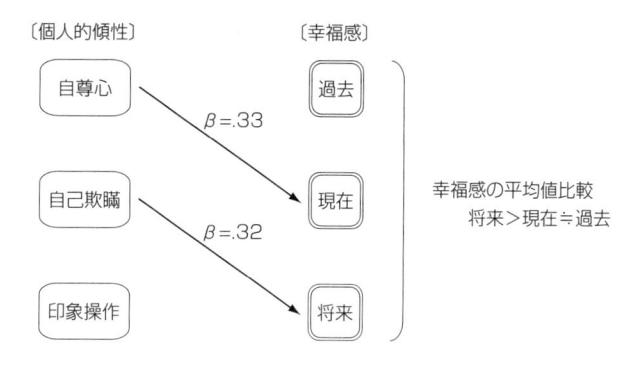

```
〔個人的傾性〕          〔幸福感〕

  自尊心  ──β=.33──→  過去
                        現在    幸福感の平均値比較
  自己欺瞞 ──β=.32──→         将来＞現在≒過去
  印象操作                将来
```

太線矢印は，重回帰分析によって有意な標準化偏回帰係数(β)が得られたことを示す。

図1-1 過去，現在，および将来の幸福感を規定する個人的傾性―重回帰分析の要約―（Robinson & Ryff, 1999, 研究1より）

研究1（Robinson & Ryff, 1999）では，大学生が9点尺度上で（「かなり不幸」1点～「きわめて幸福」9点），過去，現在，および将来のそれぞれについて幸福感を評定しました。また，自尊心，自己欺瞞，印象操作に関する測度も実施されました。印象操作測度では，自分自身のことを他者が好意的にみてくれるように意識的にふるまう程度が尋ねられました。幸福感評定をみますと，仮説aに一致して，「将来（m=7.53）＞現在（m=6.33）≒過去（m=6.21）」の傾向がありました。また，図1-1に重回帰分析の結果を表してあります。現在の幸福感は，自尊心の高さによって決まります。ところが，将来の幸福感についての判断は，自己欺瞞傾向によって左右されるのです。このことは，仮説bを支持します。

研究3では，男女大学生に次のいずれかの教示を行いました。「自分の生活のうち，あと5年間でほとんど変化しないままである側面」（確定条件）か「自分の生活のうち，あと5年間で少しでも変化するかもしれない側面」（不確定条件）を思い浮かべさせ，それぞれにつ

いて想起した側面を5つ以上記述させました。その後，10種の生活領域について5年後の満足度の推測をさせました。「不確定」条件の被験者は，「確定」条件の被験者よりも高い満足度を推測しました。さらに，想起した側面についても以下のような差違がありました。「不確定」条件では現状を改善するような変化が，「確定」条件では現状の肯定的側面の継続があげられました。

　ところで，高齢者にとっての将来はもはや曖昧なものではありません。寿命の点でいいますと，高齢者の「将来」の時間的範囲は，若年者よりも短いからです。そこで，研究4では，若年者（平均19.3歳），中年者（46.0歳），高齢者（73.4歳）それぞれの将来の幸福感が比較されました。過去と将来の自分について思い浮かべるように教示されましたが，「過去」と「将来」の時間範囲は被験者の年代にあわせて設定されました（若年者：今まで，40-50歳代；中年者：20-25歳代，65-70歳代；高齢者：40-50歳代，10-15年先）。被験者は，「現在」，「理想」，「過去」，「将来」それぞれの自分自身について幸福感尺度に回答しました。「将来」の幸福感得点から「現在」の得点を引いた得点を「将来高揚得点」として3サンプルの比較をしますと，「若年者＞中年者＞高齢者」の傾向が認められました。

　このように，ロビンソンとライフ（1999）による一連の研究が示すところでは，われわれの幸福感は，現実を直接反映しているというよりも，現実をうまく自分に都合よく「再構成」するかにかかっているのです。このメカニズムによって，「ホームレス」の生活の一端に触れた中村（1998）が指摘しているように，彼らが「街を漂流している」のではなく，「段ボールハウス」という「生活の場」に埋め込まれているのです。彼らは，「幸福」なのです。

　ところで，「隣の芝生は青くみえる」という諺があります。「自分が幸福であるか」はまわりの他の人々の状態と比較して判断されるわけです。さだまさしが歌う「となりの芝生」（さだ，1994）では，

このことがうまく描かれています。

　　……しあわせになりたくて
　　そりゃほんの少しは背伸びもしたけれど
　　しあわせのくらべっこ
　　するつもりはさらさらないのだけれど
　　となりの芝生はやっぱり青い……

　　　　[となりの芝生　さだまさし作詞　1994]

このような現象は，社会心理学では「社会的比較」として古くから研究されています。フェスティンガー（Festinger, 1954）は，次のことを骨格とする社会的比較理論を提起しています。

　①人は自分の意見や能力を評価しようとする欲求をもつ。
　②比較のための客観的基準がない場合には，他者との社会的比較が必要となる。
　③社会的比較は，類似した他者を対象として行われる。

もともと幸福の基準が不明確な分だけ，「自分が幸福であるか」の判断も社会的比較に基づいて行われるはずです。しかしながら，後述するディーナーら（Diener *et al.*, 1995）による国を単位とした分析では，ある国の人々の全体的幸福感は隣国の国内総生産の高さと無関係であることが認められています。つまり，隣国が富んでいようと貧しかろうと，「隣の芝生」は青く見えなかったのです。

クラーとジラディ（Klar & Giladi, 1999）は，他者と比較した幸福感の「自己中心性」を明らかにしました。彼らは，男女大学生に次の3種類の満足度を評定させました。

　①**相対的満足度**：「同年齢および同性の他の大学生に比べて，あなたは平均してどのくらい満足しているか」〈最も満足と最も不満足を両極とする数直線上の該当すると思う箇所に×印をつけさせ，中性点からの距離を測定〉
　②**絶対的自己満足度**：「あなたは一般的にどのくらい満足してい

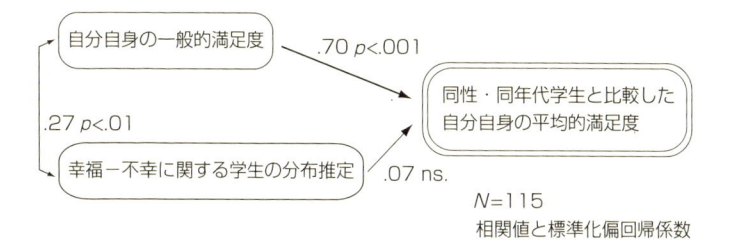

```
┌─────────────────────┐
│ 自分自身の一般的満足度 │──.70 p<.001──┐
└─────────────────────┘              ↓
   ↑                          ┌──────────────────┐
.27 p<.01                     │ 同性・同年代学生と比較した │
   ↓                          │ 自分自身の平均的満足度   │
┌─────────────────────┐       └──────────────────┘
│ 幸福-不幸に関する学生の分布推定 │──.07 ns.──↑
└─────────────────────┘
```

$N=115$
相関値と標準化偏回帰係数

図1-2 幸福感の規定因-パス解析の結果-
(Klar & Giladi, 1999, 研究1より)

るか」〈11点尺度〉
③**他者の絶対的満足度**:「以下の各カテゴリーに該当する学生の割合はそれぞれどのくらいか;きわめて満足,少し満足,どちらでもない,少し不満足,きわめて不満足〈合計100%にする〉」。

いずれの指標平均値も中性点から満足方向に位置しており,自分自身も他者も幸福であると判断されていることが示されました。①,②,③の指標間の関係を調べるためにパス解析が行われました。図1-2には,3指標間の関係に関するパス解析の結果が表してあります。

この結果によると,「相対的満足度」は,他者がどのような満足状態にあるかに関する認知とは無関係であり,「自分自身の絶対的満足度」によってのみ規定されているのです。クラーとジラディ(1999,研究2)は,女子高校生を対象として,同様な傾向を認めています。

つまり,クラーとジラディ(1999)の研究によれば,「自分が幸福であるか」の判断は,まわりの様子と見比べながら行われているのではなく,実は自分自身に関する絶対的判断によって決まっているのです。このことは,幸福感の「自己中心性」を示すといえます。
「適応」に関する従来の観点では,適応的な人は正確な現実検証に

従事し，幻想を抱きやすい人は心理的に不健康であると考えられていました。しかし，テイラーとブラウン（Taylor & Brown, 1988）は，過度に肯定的な自己評価，事態を統制しているという過度な思い込みや，現実に基づかない楽観主義などの「肯定的な幻想」が適応に役立っていると主張しています。したがって，幸福感の「自己中心性」もテイラーとブラウンが概念化した「肯定的な幻想」の一側面として理解すれば，実は病理的といえません。情動の自己統制能力の重要性を提起し，「EQ」という概念で有名なゴールマン（Goleman, 1995）の考えも基本的にはテイラーらと同じです。

> 満ち足りた気分で暮らすには，不快な感情をすべて避けることが大切なのではなく，不快な感情が嵐となって快の感情を吹きとばしてしまうことのないようコントロールすることが大切なのだ。（Goleman, 1995，土屋訳）

このために，ゴールマンは，「楽観」が鍵となると主張します。「楽観」とは，「後退や挫折があっても最後はうまくいくだろうという強い期待」です。

「肯定的な幻想」に関連して，春日（2000）が興味深い試みをしています。彼は，「過酷な人生を乗り切っていくために」，現状の不幸への適応をはかるさまざまな人々の心性を解き明かそうとしたのです。例えば，彼は，1995年に少女の営利誘拐を試みた2人組の女性（「A」と「b」）の事例を，次のように解釈します。「b」は「A」によって売春をさせられたり，暴行も受けます。しかし，「どんな目に遭わされても，bは淡々と毎日を送っていた」のです。春日は，「b」の「幸福」を彼女の生育環境に由来する自己表現力の欠如に求めます。つまり，「b」は，自己表現力のなさのために社会に対して「違和感と気後れ」をもっていたのです。「A」の「常識や良識を嘲笑するかのごとき非日常的力強さ」は，そのような「b」を「幸福」にしたのです。彼女の現実は「A」によって虐待される毎日であっ

ても、彼女は「幸福」なのです。「A」と「b」の関係は典型的な「共依存関係」といえます。つまり、この2人はそれぞれの生育環境の中で育まれた特異な欲求を充足し合っているのです。「共依存関係」の外からみるとまったく理解できない事柄が、このような関係では「淡々と」進行していくのです。このような「共依存関係」の罠は、人間にとって何が幸福なのかが単純には決めることができないことを示しています。

どのような人が幸福なのか

　幸福感の高い人々がどのような特徴をもっているかを調べることは、幸福感研究の重要な課題です。ウィルソン（Wilson, 1967）は、1960年半ばまでの先行研究を吟味し、幸福な人々の特徴として次のものをあげています。①若い、②健康である、③学歴が高い、④高給取りである、⑤外向的である、⑥楽観的である、⑦くよくよしない、⑧信仰心がある、⑨高い自尊心をもつ既婚者、⑩職業意欲が高い、などです。ディーナーら（Diener et al., 1999）は、ウィルソンによる研究以降の膨大な幸福感研究で得られた知見を検討し、彼の結論が必ずしも確定的でないことを示しています。

　ここでは、まず経済的豊かさが幸福感をもたらすかを中心に考えてみましょう。マイアーズとディーナー（Myers & Diener, 1995）は、先行の社会調査を検討して、種々の「幸福感の神話的通念」を棄却しました。つまり、年代、性別、人種や、文化によって幸福感に差違がみられるわけではなかったのです。ただし、各国の国民総生産と生活満足感との間には正の相関（r=+.67）がみられました。しかし、経済的に豊かでないのに満足感の高い国もあったり、民主的政治体制の持続年数などの他の変量の影響が考えられます。また、米国では個人あたりの実質収入は1970年以後急激に上昇しているのに対応した幸福感の変化はみられませんでした。

ディーナーら (Dienar *et al.*, 1995) は，国を単位として幸福感の関連要因の分析を試みました。彼らは，55か国の経済・社会指標や社会調査結果に基づき，主成分分析を利用して，以下に示す合成得点を算出しました。

収　　入：国民1人あたりGDP，個人購買力，平均寿命など；富裕であるほど高得点

個人主義：先行調査で得られた個人主義－集合主義尺度値，離婚率；個人主義的であるほど高得点

権　　利：基本的人権の欠如の度合い；人権が尊重されているほど低得点

平　等　性：Gini係数，就学率の男女比；平等であるほど低得点

ここでは，各合成得点と幸福感との関連をみましょう。図1-3に各指標の幸福感との単純相関値を示しました。4指標は，幸福感と

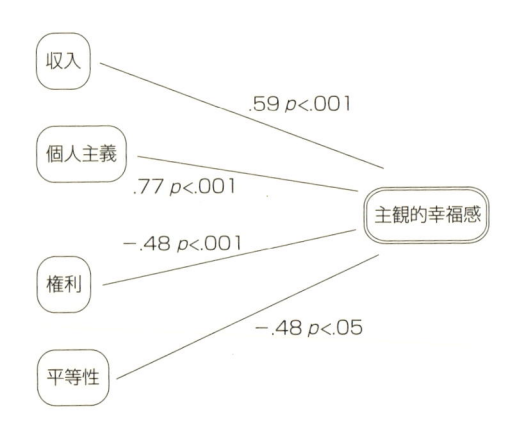

```
収入 ────────────── .59 p<.001 ──┐
個人主義 ─── .77 p<.001 ──────── 主観的幸福感
権利 ─── -.48 p<.001 ──────────┘
平等性 ─── -.48 p<.05 ─────────┘
```

他の3変数を統制変量としたときの個人主義と主観的幸福感
との間の偏相関値　.62, .72, .75, すべて p<.001

図1-3　国を単位とする主観的幸福感の規定因－ピアソン相関値－
(Dienar *et al.*, 1995より)

関連があるといえます。しかし,ディーナーら(1995)は,当該の指標と幸福感との「正味」の関係をみるために,他の指標の影響を統計的に排除する偏相関分析を行いました。個人主義の場合には他の指標による影響が小さく,「個人主義の確立した国の幸福度が高い」と結論できます。ところが,他の3指標では,影響を排除しますと,幸福感との関係が小さくなります。つまり,ディーナーらによる国を単位とする分析によれば,経済的豊かさよりも実は「個としてふるまうことができるか」のほうが幸福感にとって重要なのです。

ところで,わが国の場合について経済的豊かさと幸福感との関連を分析してみました。既存の資料に基づき(東洋経済,1999;総理府広報室編,1998),1979年から1997年までを分析対象にしました。幸福感の指標としては,先述した「生活満足感」と「充実感」を用いました。経済指標には,国内総支出,世帯実収入,エンゲル係数,失業率を利用しました。まず,「生活満足感」の場合には,これらの指標との間には中程度の相関値がみられました($.459^*$, $.488^*$, $-.480^*$, $.370$;$N=19$;$*:p<.05$)。ところが,「充実感」の場合には有意な関連は得られませんでした($.339, .247, .361, .155$)。つまり,わが国のここ20年近くの経済的豊かさの進展は,生活上の満足感を引き起こしていますが,充実感を必ずしも伴わないのです。この簡単な分析によれば,確かに経済的繁栄が幸福につながるかもしれませんが,強固な関係ではなく,幸福感を規定する要因は他にも存在しているといえます。

「お金で幸せは買えるか」という問いの答えは,そう単純ではないのです。豪快な消費を「売り」にする小説家の中村(2000)は,そのような問いにまず次のように答えます。

> 諸君,お金で幸せは買えない。金で手に入るモノなど,しょせん,その程度のモノであるからだ。我々の魂が常に欲しがっているのは,結局,金で買えないモノばかりだ。(中村,2000)

$$主観的幸福感 = \omega \times \langle 範囲原理 \rangle + (1-\omega) \times \langle 頻度原理 \rangle$$

- 範囲原理 $= (I_i - min)/(max - min)$
  - I_i：当該個人の収入
  - min：分布内の最小値
  - max：分布内の最大値
- 頻度原理 $= rank_i/N$
  - $rank_i$：分布全体での当該個人の収入順位
- ω：2つの原理の重みづけ

図1-4　主観的幸福感を規定する収入分布
（Hagerty, 2000より）

ところが，そのように断言しながら，中村は一方で次のようにも主張するのです。

> お金で幸せは買えないが，「お金がなくても幸せ」とは，どうしても思えない。なぜなら金は，私の欠損，私のコンプレックス，私の挫折感をまがりなりにも埋めてくれる，ありがたい存在であるからだ。（中村，2000）

中村が気づいているように，経済的裕福さと幸福感との関係は，そう単純ではないのです。

先述したディーナーら（1995）の研究が示すところでは，経済的豊かさが直線的に幸福感をもたらすという単純な仮説を認めるわけにはいかないようです。しかし，直感的にはこの仮説は魅惑的です。つまり，経済的豊かさがわれわれに種々のものを与えてくれるからです。

ハガティ（Hagerty, 2000）は，収入と幸福感との関係に関する社会的比較モデルを提起しました。彼によれば，図1-4に表すように，幸福感は，「範囲原理」と「頻度原理」の関数です。「範囲原理」に従えば，当該個人の幸福感は，コミュニティ内の収入の幅が小さいほど，当該個人の収入がコミュニティ内の最低収入値を上回っているほど，高まることになります。「頻度原理」によれば，コ

ミュニティ内で当該個人の収入が上位であるほど幸福感が高くなります。

彼は，分布の裾の広がりの偏りを示す歪度を用いて，以下の予測をたてました。

　予測1：収入分布の最大値が大きくなるほど，当該の人の主観的幸福感は低下する。

　予測2：収入分布が高収入方向に広がるほど，当該個人の主観的幸福感が高まる。当該の収入値の人を考えると，自分より収入の低い人々が多くなるからである。

　予測3：収入分布が高収入方向に広がるほど，当該コミュニティでの人々全体の平均的幸福感は低下する。

　予測4：幸福感は，「上方」比較と「下方」比較の両方によって影響される。

米国で1989年から1996年に実施された全国調査を利用し，これらの予測が検討されました。7023名のデータが分析され，当該コミュニティの単位はその回答者が含まれるサンプリングの際の単位が用いられ，収入分布データが構成されました。

幸福感を目的変数とする一連の重回帰分析の一部を表1-4（次頁）に示してあります。この結果によると，分布歪度が大きいほど，つまり収入分布が高収入方向に広がっているほど，幸福感が高まっています。予測2が支持されたのです。また，上位収入者（80パーセンタイル）の平均収入が高いほど幸福感が抑えられ，低位収入者（20パーセンタイル）の平均収入が低いほど，幸福感が高くなるといえます。この結果は予測4に関わり，高収入の人々との比較は幸福感を低め，低収入の人々との比較は逆の結果になるのです。

表1-4 当該個人の収入と当該コミュニティの収入分布の関数としての主観的幸福感―重回帰分析の結果〈標準化偏回帰係数〉― (Hagerty, 研究1, 2000より)

	標準化偏回帰係数	
世帯収入	.109	$p<.01$
コミュニティ収入分布歪度	.038	$p<.01$
80パーセンタイル平均収入	−.060	$p<.01$
20パーセンタイル平均収入	.069	$p<.01$
結婚の有無〈1:既婚;2:その他〉	.165	$p<.01$
教育年数	.049	$p<.01$
性別〈1:男性;2:女性〉	−.021	
	$R^2=.062$	

幸福感と性格

アイゼンク(Eysenck)は,基本的性格次元として,①向性(外向性-内向性)と②神経症傾向を提案しました(後に,精神病質傾向が加えられています)。この2つの次元が幸福感と興味深い関わりをみせることが指摘されてきました。コスタとマックレー(Costa & McCrae, 1980)は,多面的な性格検査(Cattell の16PF)を一般成人男性に実施し,クラスター分析によって外向性得点と神経症傾向得点を算出しました。また,ブラッドバーン(Bradburn)尺度を用いて,肯定的感情と否定的感情を測り,性格との関連を検討しました。相関値のパターンをみますと,外向性が肯定的感情と,神経症傾向が否定的感情との結びつきが強い傾向を認めることができました。また,コスタとマックレーは,表1-5に示すように,約10年前に測定した外向性得点と神経症傾向得点が当該時点の感情を予測できることを見いだしました。これらの一連の結果に基づき,彼らは,図1-5に示したモデルを提起しました。

ラーセン(Larsen)は,コスタとマックレー(1980)が示した結

表1-5 性格得点と10年後の感情得点との関係－ピアソン相関値－（Costa & McCrae, 1980より）

	外向性	神経症傾向
約10年後の感情		
肯定的感情	.23***	－.08
否定的感情	.03	.39***

$N=234$
***: $p<.001$

びつきの基底にある心理学的メカニズムを明らかにするためにいくつかの研究を行いました。

外向性は肯定的な感情状態に対する生得的な感受性を，神経症傾向は否定的な感情状態に対する生得的な感受性を反映していることが考えられます。このような関連は，ラーセンによると，①気質的な見解と②道具的な見解によって説明可能です。

①**気質的な見解**：性格特性は，肯定的な情動刺激や否定的な情動刺激に対する感受性や反応強度の内因的な差違を反映しており，それらの差違が長期的な肯定的感情や否定的感情の差違をもたらす。

②**道具的な見解**：特定の性格次元によって特有の生活環境条件がつくり出されることが促進され，その結果としての生活ス

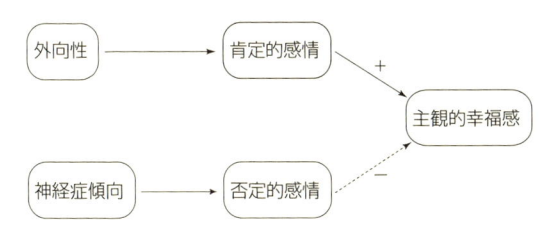

図1-5 主観的幸福感と性格との関係についてCosta & McCrae（1980）によって提起されたモデル

幸福感と性格

タイルの差違が，異なる水準の長期的な肯定的な感情や否定的な感情をもたらす。

ラーセンは，気質的な見解を基にして，コスタとマックレーのモデルを捉えようとします。

なぜ外向性が肯定的感情，神経症傾向が否定的感情と結びつくのかについては，行動活性化システムと行動抑制システムという2つの神経システムを仮定することによって説明されています。前者は報酬シグナルが存在するときの行動規制システムであり，後者は罰シグナルが存在するときのシステムです。つまり，報酬シグナルが肯定的感情の源泉であり，外向的な者は報酬シグナルに敏感ですので，外向的な者が肯定的感情を抱きやすいのです。また，罰シグナルが否定的感情の源泉であり，神経症傾向が高い者が罰シグナルに敏感ですので，神経症傾向が高い者は否定的感情状態に陥りやすいのです。ラーセンらは，一連の実験でこのことを明らかにしました。

ラーセンとケトラー（Larsen & Ketelaar, 1991）は，あらかじめ男女大学生被験者の外向性と神経症傾向を調べ，次の3つの気分誘導条件のいずれかに被験者を振りあてました。「記憶と性格」に関する実験であるという名目で，それぞれの条件の状況に被験者自身がおかれたと4分間想像するように指示されます。

①肯定的感情条件：「宝くじで50,000ドル当たり，ハワイで休暇をとる」，「快適な運動セッションの後に，健康的で新鮮な気分になり，その後，快晴の中を散歩して5ドル札を拾う」

②否定的感情条件：「ばつが悪い仕方で放校処分になり，その後，友だちが不治の病で苦しみながら死んでいく」，「退屈でつまらない講義をじっと座って聞かされいらいらさせられ，その後，インフルエンザで寝込む」

③中性条件：「スーパーマーケットに行った後に，高速道路をドライブする」

表1-6 性格と気分誘導後の感情得点との関係―ピアソン相関値―(Larsen & Ketelaar, 1991より)

気分誘導	外向性	神経症傾向
肯定的気分条件 (*N*=144)		
肯定的感情	.32**	−.19*
否定的感情	.02	.10
中性条件 (*N*=70)		
肯定的感情	.10	−.03
否定的感情	−.12	.29**
否定的気分条件 (*N*=145)		
肯定的感情	.00	.13
否定的感情	−.18*	.34**

*: $p<.05$; **: $p<.01$

この後,被験者は,肯定的感情と否定的感情を測る形容詞尺度(各6項目)に7点尺度で現在の被験者自身の気分を答えます。

表1-6には,被験者の外向性と神経症傾向の水準と気分誘導によって引き起こされた感情(肯定的,否定的)の程度との間の相関が示されています。相関の大きさをみますと,予測とほぼ一致しています。外向性は,肯定的気分状態を誘導されたときに肯定的感情を引き起こします。他方,神経症傾向は,否定的気分状態にされたときに否定的感情を生起させています。これらの結果は,例えば,次のようなことを意味します。まわりの人ににこやかに挨拶されますと,外向的な人は,気分をよくし,にこやかに挨拶を返します。その結果,良好な対人関係が育まれます。他方,神経症傾向の強い人は,まわりに不機嫌な人がいますと,自分も不機嫌になります。そのため,状況は険悪になりがちです。

ラスティングとラーセン(Rusting & Larsen, 1997)の実験では,「肯定的気分誘導→中性条件→否定的気分誘導」と「否定的気分誘導→中性条件→肯定的気分誘導」というように相反する気分誘導を男

女大学生被験者に経験させました。各気分誘導直後に感情（肯定的，否定的）が測定されました。階層的重回帰分析によって，次のことが明らかにされました。

①第2セッションでの肯定的感情は，被験者の外向性の程度と第1セッションでの肯定的感情によって有意に規定される。

②第2セッションでの否定的感情は，被験者の神経症傾向と第1セッションでの否定的感情によって有意に規定される。

この研究では，先述した行動活性化システムと行動抑制システムが外向的な者と内向的な者に対応しており，神経症傾向は生起感情の増幅子であると仮説化されましたが，このことを支持する傾向は得られませんでした。

ところで，性格特性に対する遺伝の影響を検討したテレゲン（Tellegen）らによれば，当該の個人が抱く幸福感も遺伝によってかなり決定されていることが明らかにされました。テレゲンら（Tellegen *et al.*, 1988）は，双生児法（twin method）を用いて性格の種々の側面が遺伝によってどの程度影響されているかを調べました。双生児法では，①単一の受精卵が二つに分離して成長した一卵性双生児（monozygotic twins；MZ）と，②二つの卵の同時受精によりそれぞれが個体に成長した二卵性双生児（dizygotic twins；DZ）を対象とします。つまり，一卵性のきょうだいは，遺伝的に同一であるといえますが，二卵性の場合にはおよそ50％の遺伝子を共有します。このことを利用して，当該の個体特徴に対する遺伝と環境条件の相対的影響を推定します。

テレゲンら（1988）は，①分離して育てられた一卵性双生児，②分離して育てられた二卵性双生児，③一緒に育てられた一卵性双生児，④一緒に育てられた二卵性双生児という4サンプルを対象として，彼らが考案した性格検査（MPQ）を実施しました。一卵性双生児での性格類似度は生育環境にかかわらず一般的に高く，主観的幸

**表1-7 双生児間における主観的幸福感の
一致度－ピアソン相関値－**

(Lykken & Tellegen, 1996より)

双生児タイプ	相関値
一緒に生育	
一卵性双生児 (N=647)	.44
二卵性双生児 (N=733)	.08
別々に生育	
一卵性双生児 (N=75)	.52
二卵性双生児 (N=36)	－.02

福感次元などの種々の性格の側面での遺伝によって約50％説明できると推定されました。リッケンとテレゲン（Lykken & Tellegen, 1996）は，被験者を追加して主観的幸福感の遺伝的規定度をさらに検討しました。この結果を表1-7に示します。一卵性双生児間の相関値は高く，主観的幸福感の遺伝的規定性が強いことになります。

ディーナー（1984）によれば，幸福感に関する種々の説明は，以下のようなボトム・アップ理論とトップ・ダウン理論に大別できます。

ボトム・アップ理論：幸福感は，快・不快経験の単純蓄積によって生じ，幸福感は，快経験によって高められ，不快経験により低下させられる。

トップ・ダウン理論：特定の性格や傾性をもつ人は，出来事や環境に対して特定の仕方で反応する。

遺伝的規定性を認める研究は，トップ・ダウン理論を支持することになります。しかし，ボトム・アップ理論で主張されるように，日常経験の重要性も十分に考えられます。

ブリーフら（Brief et al., 1993）は，この2つの理論を統合するモデルを検証しています（図1-6）。彼らは，中年期以降の一般人を対象にした3時点にわたるパネル調査（1970-76年）を利用し，この

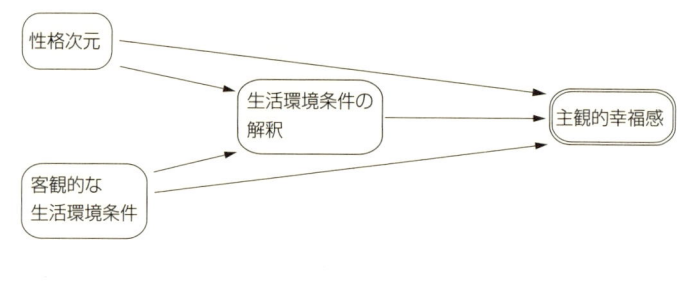

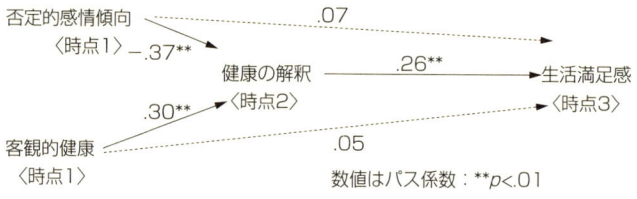

図1-6 ボトム・アップ理論とトップ・ダウン理論の統合モデルと縦断的パス解析の結果 (Brief *et al.*, 1993より)

モデルを検証しました。ブリーフらの統合モデルの特徴は,「性格」と「客観的な生活環境条件」が「生活環境条件の解釈」を通して主観的幸福感に影響をおよぼす点にあります。結果によれば,否定的感情傾向性(16PF人格検査によって測定;「性格」)や客観的健康度(外科手術,医者に診てもらった回数などを標準化して合計;「客観的な生活環境条件」)が生活満足感に直接影響をもたらすことはなく,健康の解釈(身体上の不安など4項目の評定に関する主成分分析によって合成得点算出;「生活環境条件の解釈」)を通した生活満足感に対する間接的影響が認められました。ブリーフらの考えは,結局,先に触れたゴールマン(1995)の「EQ」の考えに似ています。つまり,現実の窮状をいかに楽観的に解釈し,対処するかが重要なのです。

高齢期における幸福感

わが国の65歳人口が全人口に占める割合，つまり高齢化率は戦後急速に進行し，2000年現在で17.2％に達しています（厚生省監修，2000；1950年4.9％→1970年7.1％）。この割合は0〜14歳の年少人口率（14.7％）を上回っています。さらに2015年には高齢化率が25.2％になると推計されています。また，65歳の人が何年生きるかという点でみますと，1997年時点では，男性が17.02年，女性が21.75年であり，高齢期の期間は長くなっています（1947年時点：男性10.16年，女性12.22年；総務庁編，1999）。したがって，「幸福な老い」の問題は，高齢化社会に突入したわが国ではもはや特殊な問題ではなく，きわめて重要な問題といえるのです。

高齢期は人生周期における最後の段階です。この時期は，それまでに当該の人が培ってきた4つの重要なもの，すなわち①心身の健康，②経済的基盤，③社会的ネットワーク，④生きがい，を失うことから「喪失の時代」と呼ばれたりします。今までもっていたものを失っていくとすれば，高齢者の幸福感は低下していくと予想されます。福祉の目標が幸福感の増進にあるとすれば，高齢者の幸福感がどのようになっていくか，どのようなものと関連しているかを探ることは重要な研究対象になります。そのため，高齢者の幸福感に関する研究は，わが国においても活発に行われています。

この高齢期について，対立する見解を唱える2つの理論が提出されています（前田，1980）。つまり，高齢期を否定的に捉える理論と逆に肯定的に捉える理論があります。

否定的に捉える理論の代表的なものに「疎隔理論」があります。この理論によれば，高齢期は，老化に伴い社会的ネットワークが縮小され，種々の社会的役割を若年者と交代させられる時期です。この「新陳代謝」機能により，社会の活性化が可能になるわけです。

「定年制」などが積極的に正当化されます。

他方,高齢期を肯定的に捉える代表的理論として,「活動理論」と「継続性理論」をあげることができます。前者では,高齢期においても高水準の活動性が期待されると主張され,後者では,高齢期前に形成した習慣や好みを高齢期に入っても維持することが強調されます。どちらの理論も,高齢者に対する積極的な福祉対策の推進につながります。

このような対立する理論を検討する中で,高齢者を対象とする幸福感研究が行われています。幸福感を測定するために,ロートン(Lawton, 1975)によって作成されたPGC (Philadelphia Geriatric Center) モラール尺度は,わが国においても多くの研究で用いられています。この尺度は,①心理的動揺 (agitation),②老化に対する態度,③孤独・不満足の3下位尺度から成ります。しかし,前田・浅野・谷口 (1979) は,わが国の高齢者ではこの3因子が必ずしも再現されないことを見いだしました。後続研究では(前田ら,1989),男性高齢者と女性高齢者で異なる因子構造がみられました(男性:Ⅰ.心理的安定,Ⅱ.楽天的・積極的気分,Ⅲ.健康や現在の状況についての満足感;女性:Ⅰ.楽天的・積極的気分,Ⅱ.心理的安定,Ⅲ.健康感・有用感,Ⅳ.老化に対する態度;男性の第Ⅲ因子が分離して,女性の第Ⅲ因子と第Ⅳ因子になる)。古谷野ら (1989) は,共分散構造分析を用いてPGCモラール尺度の内的構造を検討し,表1-8に示す3因子構造で十分な適合度を得ています。

ここでは,PGCモラール尺度を用いた研究のうち,興味深い知見をいくつか紹介しましょう。

女性は,男性に比べて,対人関係中心の生活を営む傾向にあります。そのため,高齢化しても,家族外との十分な対人関係を維持しながら生きていけます。ところが,男性は,家族とりわけ配偶者に依存した生活をせざるを得ません。古谷野 (1992) は,公団賃貸団

表1-8 確認的因子分析に基づく PGC モラール
　　　　下位尺度の位尺度項目（古谷野ら，1989より）

〔心理的動揺〕
　4　小さなことを気にするようになった。
　7　気になって眠れないことがある。
　16　物事をいつも深刻に考える。
　17　心配事があるとおろおろする。
〔不満足感〕
　9　生きていても仕方がないと思うことがある。
　11　悲しいことがたくさんある。
　15　今の生活に満足している。
〔老いについての態度〕
　1　人生は年をとるにしたがって悪くなる。
　2　去年と同じように元気だ。
　6　年をとって役にたたなくなった。
　10　若いときと同じように幸福だ。

地に居住する高齢者を対象にPGCモラール尺度を実施し，そのような傾向を認めました。配偶者がいるときには，男性高齢者の幸福感は高く，女性高齢者の幸福感が逆に低下したのです。この結果に基づいて，野辺（1999）は，配偶者がいる高齢女性の主観的幸福感が低くなると予想しました。しかし，彼の研究では，PGCモラール尺度得点は，配偶者の有無によって影響されませんでした。主観的幸福感に強い関連を示したのは健康度の自己評価でした。

野口（1990）は，生活保護を受けている単身高齢者にPGCモラール尺度を実施し，一般の単身高齢者と比較しました。その結果，生活保護受給が幸福感を低下させることはなく，むしろ客観的な健康状態が幸福感にとって重要であることが見いだされました。この研究は，先の久田（1999）が報告した「事件」と重ね合わせると興味深い知見です。いずれにせよ，野辺（1999）や野口（1990）の知見は，結局のところ「健康が何より」であることを示しています。

佐藤・中嶋（1996）も，PGCモラール尺度を用いて，主観的幸福

感の規定因に関するパス解析を行っています。彼らの分析によると，①自覚的健康感（自分の健康度に関する4点尺度評定），②社会的統合（親友数，近隣で親しくしている者の人数，参加集団数を基に主成分得点化），③日常生活関連動作（段差の昇降，人混みでの移動などの日常生活に必要な動作能力25項目）が主観的幸福感を直接に規定しています。健康感に加え，日常生活を支障なく送ることができる動作能力の保持も幸福感にとって大切なことなのです。

『平成12年版厚生白書』（厚生省監修，2000）では，高齢者の健康意識が実は良好であるとし，寝たきりなど介護が必要な高齢者の割合が2000年には65歳人口のおよそ13％の者に該当すると「楽観的」見通しを示しています。その上で，「日常生活に介護を必要としない，心身ともに自立した活動的な状態で生存できる期間」つまり「健康寿命」の重要性を提唱しています。先に述べた幸福感研究の限りでは，「健康寿命」の実現を目指し種々の方策を実施することは，高齢者の幸福の増進にとって有益であると判断できます。

わが国の高齢者は幸福？

日本，米国，タイ，韓国，およびドイツの60歳以上の人々を対象とする，高齢者の生活・意識状態に関する大規模な国際比較調査が1995年に実施されました（総務庁長官官房高齢社会対策室監修，1997）。ここでは，日本と米国の結果を比べながら，日本の高齢者の幸福感の様相を明らかにしましょう。

表1-9-aには，「同年輩の人」，「両親の世代」，「子どもの世代」との比較による自分の幸福感の程度が示してあります。日本の高齢者は，米国の高齢者に比べ，かなり幸福であると感じています。さらに，彼らは，昔の高齢者よりも自分のほうがはるかに幸福であると判断しており，半数の者が現在の若年世代が高齢化したときよりも幸福であると考えています。興味深いことに，7割近くの者が他

表1-9-a 高齢者の幸福感の日米比較（総務庁長官官房
高齢社会対策室監修, 1997より）

	日本	米国
〔幸福感〕(a)		
同年輩の人との比較	69.1	55.6
両親の世代の老後生活との比較	82.7	51.6
子どもの世代との比較	51.0	29.4
現在の生活に対する満足感 (b)	87.3	89.3

数値は百分率
(a)：回答者の方が幸福であることを表す上位2選択肢「幸せである」と「やや幸せである」の合計百分率
(b)：満足感を表す上位2選択肢「満足している」と「まあ満足している」の合計百分率
調査年次：1996年2月
60歳以上男女；日本N=1183；米国N=998

表1-9-b 高齢者の社会的関係の日米比較（総務庁長官官房
高齢社会対策室監修, 1997より）

	日本	米国
社会との関わりをもちたい〈そう思う〉	37.3	22.2
〔地域活動への参加〕		
宗教活動への参加〈いつも参加〉	5.9	40.9
社交的な集いへの参加〈いつも参加〉	4.0	18.9
ボランティア活動への参加〈いつも参加〉	13.0	16.4
老人のグループ活動への参加〈いつも参加〉	10.1	16.2
近所の人たちと親しく話す〈毎日〉	13.9	27.5
友人がいる	69.0	90.1

数値は百分率
調査年次：1996年2月
60歳以上男女；日本N=1183；米国N=998

の高齢者よりも自分自身のほうが幸福であると思っています。この限りでは，わが国の高齢者の幸福なイメージが浮かび上がります。
　ところが，社会的関係をみると（表1-9-b），日本の高齢者が社

表1-9-c 高齢者の家族との関係の日米比較（総務庁長官官房高齢社会対策室監修，1997より）

	日本	米国
〔同居状況〕		
既婚の子ども（男）	32.1	1.1
既婚の子ども（女）	9.6	2.5
同居人なし	8.0	40.0
〔家族とのつきあいに対する考え〕		
子どもや孫とはいつも一緒に生活できるのがよい	54.2	4.0
〔家族の中での高齢者の役割〕		
家事の担い手	43.1	84.1
小さな子どもの世話	12.5	19.6
家族の相談相手	42.5	74.5
家計の支え手	29.8	26.0
家族の長	30.3	48.2
〔老後の生活費に対する考え〕		
働けるうちに準備する	46.6	62.1
家族が面倒をみる	12.8	0.8
社会保障でまかなう	37.7	25.7

数値は百分率
調査年次：1996年2月
60歳以上男女；日本 N=1183；米国 N=998

表1-9-d 高齢者の夫婦関係の日米比較（総務庁長官官房高齢社会対策室監修，1997より）

	日本	米国
夫婦の時間〈夫婦一緒に過ごす時間をもつ〉	45.0	59.6
家事分担〈平等に分担すべき〉	9.2	55.7

数値は百分率
調査年次：1996年2月
配偶者がいる者に限定；日本 N=826；米国 N=460

会との関わりを望みながらも，実際には社会活動の関与が乏しいことが分かります。また，7割近くの者に友人がいますが，米国の高齢者と比べますと，明らかに少ないといえます。

表1-9-e 高齢者の抱える不安感の日米比較（総務庁長官官房高齢社会対策室監修，1997より）

	日本	米国
自分自身の健康	50.1	26.9
独りぼっちで頼るものがないこと	27.9	16.1
経済的な生活	27.7	17.9
子どもが自分のことを気にかけないこと	14.1	4.7
世の中が自分のことを気にかけないこと	24.8	16.6
介護が必要な状態になること	66.3	43.4

数値は百分率
不安感を表す上位2選択肢「いつも不安に思う」と「時々不安に思う」の合計百分率
調査年次：1996年2月
60歳以上男女；日本N=1183；米国N=998

表1-9-c, dには，家族との関わりの様子が示してあります。日本では，半数の者が「三世代同居」を望んでいますが，米国ではそのような形式を望む者はほとんどいません。実際の同居形式をみると，日本では，およそ3割の者が自分の息子夫婦と暮らしていますが，米国ではそのような事例はきわめて少なくなっています。高齢者が家族の中でどのような役割をはたしているかをみますと，「家計の支え手」を除き，米国の高齢者のほうが役割の位置づけが明確です。表1-9-dにみられるように，配偶者がいる場合も，米国に比べ，日本の高齢者夫婦は時間の共有が少なく，夫はあいかわらず家事役割をはたしていません。これらの結果から，わが国の高齢者が「三世代同居」志向をもちながらも，家族内での自分自身の位置づけが曖昧であることが読みとれます。

さらに，表1-9-eに示す高齢者の不安感をみましょう。「自分自身の健康」や「介護が必要な状態になること」の点で，日本の高齢者が高い不安を抱いており，低い不安といえる他の4点でも米国の高齢者に比べると否定的傾向と解釈できます。

〔日本〕

```
           依存的
高齢者 ─────────→ 家族
      ←·········
        希薄な家族役割

(不安感)

        消極的関与
高齢者 ·········→ 近隣社会
```

→ 高い幸福感・高い満足感
= 「家族閉じこもり型幸福感」

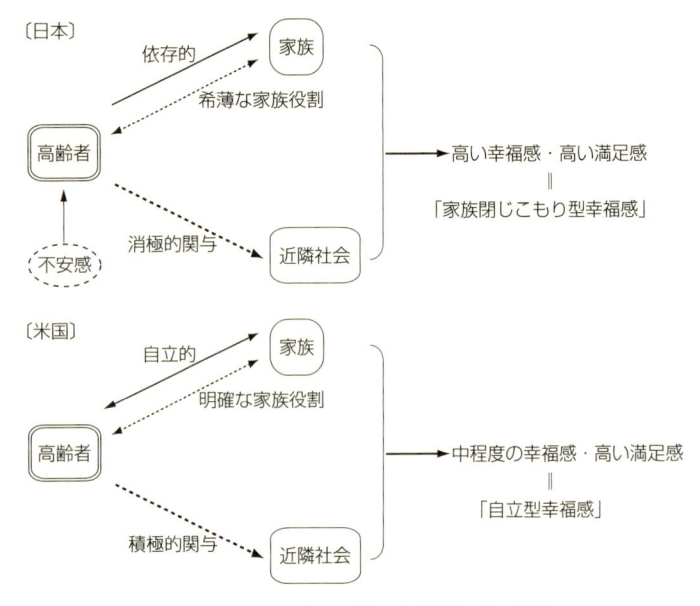

〔米国〕

```
           自立的
高齢者 ─────────→ 家族
      ←·········
        明確な家族役割

        積極的関与
高齢者 ·········→ 近隣社会
```

→ 中程度の幸福感・高い満足感
= 「自立型幸福感」

図1-7　日本と米国の高齢者の幸福感の差異

　以上の日米差を図1-7のようにまとめることができます。日本の高齢者は，高い幸福感を示すものの，近隣社会への積極的関与がみられず，高い家族依存度が浮き彫りになっています。つまり，「家族閉じこもり型幸福感」と呼べるのです。このタイプの幸福感は，将来への種々の不安感を内包しています。他方，米国の場合には，「自立型幸福感」といえるでしょう。しかし，わが国では，「三世代同居型」から「核家族型」へと家族形態が移行しています。例えば，子どもと同居している高齢者の割合は，1980年には69.0％でしたのに，1998年には50.3％と低下しています（厚生省監修，2000）。つまり，「家族閉じこもり型幸福感」が危うくなっているのです。さらに，別の全国調査が示すところでは（毎日新聞社人口問題調査会編，2000），実は，「子どもが老父母の面倒をみるべき」という規範自体も瓦解し

表1-10 子どもが老父母の面倒をみることに関する意見の推移
（毎日新聞社人口問題調査会編，2000より）

	調査年次			
	1971	1981	1990	2000
1. よい習慣（しきたり）だと思う	27.4	28.1	19.6	14.3
2. 子どもとして当たり前の義務だと思う	43.9	50.5	29.6	30.9
3. 老人のための施設（老人ホーム）や制度（年金）が不備だからやむを得ない	9.3	5.7	21.8	25.2
4. よい慣習だとは思わない	4.3	3.1	12.1	11.6

数値は百分率
調査年次：2000年4月
対象：16-49歳の既婚女性（N=1668）

つつあるのです。表1-10から分かるように，この規範を支持する者は（「1」と「2」），30年前には7割に上りましたのに，今では半数に満たないのです。

　結局，この国際比較調査（総務庁長官官房高齢社会対策室監修，1997）によれば，高齢者の幸福感を「それ自体」で評価しようとしますと，「現状肯定」の結果としての幸福感という「罠」を見落とすことになります。「家族閉じこもり型幸福感」は今やひび割れつつあるのです。一方で，次のような例もあります。猪熊（2000）は，高齢者の恋愛に関する事例報告の中で，特別養護老人ホームでの入所者同士の恋愛に触れています。彼らだって「最後までハッピー」でいたいのです。高齢者にとって何が幸福なのかは，難しい問題なのです。

幸福感をめざす福祉政策のディレンマ

　最初に述べたように，社会福祉政策の理念の基礎は，日本国憲法に定められた「幸福追求権」や「最低限度の生活保障権」にあります。しかし，実は，心理学的観点からみた「幸福」は，「現実」の正確な関数ではありません。種々の心理学的働きによって，ある意味

では「如何様にもなる」のです。

　例えば，ベストセラーになった「人間を幸福にしない日本というシステム」という書物で，ウォルフレン（Wolferen, 1994）は，「偽りのリアリティ」の中で生きている日本人の「不幸」を種々の点から解き明かしています。彼からしますと，日本人は「シカタナイ」という形で「偽りのリアリティ」を受容しており，これは「不幸」であるはずなのです。しかし，先述した全国調査（総理府広報室編, 1998）からみても，ウォルフレンが主張するほど，日本人は不幸を感じていないのです。

　問題であるのは，個人が感じている水準の「幸福」を射程にいれるのか，もっと客体化され抽象化された「幸福」の向上を目指すのかなのです。これまでの福祉政策では，心理学的変数としての「幸福感」よりも，理念的に抽象化された「幸福」の追求が前提にされているように思えます。あるべき「幸福」像が画一的に設定されるわけです。もちろん，個人水準に「幸福」をとどめすぎますと，不具合が予想されても「今が幸せであればよい」という刹那的なものになります。しかし，あまり理念的な「幸福の追求」は，個人の水準からは「福祉の押しつけ」になります。

　この点に関して，自らが障害者である櫻田（1997）が興味深い主張をしています。彼によれば，個人の幸福を他者の善意に依存させるシステムづくりは誤りです。「幸福な社会」の誤謬というわけです。その上で，彼は，「すべての人々が自分の存在に意味を与える機会をもつ社会，自分の位置付けを模索することを通して自分の幸福を追い求める機会をすべての人々に認められる社会」の実現を提唱します。彼が指摘するように，日本が直面している高齢化社会の問題も，実は「高齢の人々が一律に社会に支えられる」べきという前提をもつから否定的に捉えられるのであり，高齢者自身が「社会の中での役割」をもてるようなシステムづくりこそが高齢者の幸福を

実現するのです。

　要するに，幸福であるかどうかは当該個人の心理学的世界の1つの結果であり，社会はその個人が幸福と見なす結果を得るためのさまざまな機会提供のシステムを保証すべきなのです。

おわりに

　結局のところ，私たちの幸福は，ある意味で「自己中心的」なものです。時代状況の中で，「個人の幸福」が「みんなの幸福」と融合することもあれば，乖離することもあるのです。

　「幸福とは何か」という観点から，わが国の「歌」メディアに現れた心性を回顧しますと，興味深い構図が浮かび上がるかもしれません。戦後復興から高度成長に突入していく象徴的出来事である「東京オリンピック」の頃にヒットした，坂本九の「幸せなら手をたたこう」（古茂田ら，1995）からは，個人個人の幸福が日本人みんなの幸福と共振している心性を感じ取ることができます。

　　幸せなら手をたたこう
　　幸せなら手をたたこう
　　幸せなら態度でしめそうよ
　　ほらみんなで手をたたこう……

　　[幸せなら手をたたこう　きむらりひと　1964]

　ところが，日本全体が確固とした「豊かさ」を享受しはじめる1970年代になりますと，三浦（1999）が指摘する「郊外の一戸建て住宅」が幸福の証となります。小坂明子がヒットさせた「あなた」（古茂田ら，1995）は，「家をもつ」ことと「家庭の幸福」を融合させています。

　　もしも私が家を建てたなら
　　小さな家を建てたでしょう……
　　大きな窓と小さなドアと

部屋には古い暖炉があるのよ……

[あなた　小坂明子作詞　1973]

ところが,「豊かさ」の彼方には,従来型の家族の崩壊が待っていたのです。宮台（1994）によれば,「団塊世代」による権威の否定と共同体の崩壊は,友だち夫婦や友だち親子という「ニューファミリー幻想」によって補完され,親に対する子どもの「際限なき役割演技」が生み出され,親子関係が希薄化します。夫婦間も,希薄なコミュニケーションどころか,「セックスレス・カップル」という用語さえ流行してしまいます（家田,1996）。要するに,小坂明子が歌う「あなた」の世界は,夫婦と親子の軸の喪失とともに「液状化」してしまうのです。

椎名林檎のヒット作品である「幸福論」（椎名,1999）では,以下のように「幸福」が定義されます。

　　本当のしあわせを探したときに
　　愛し愛されたいと考えるようになりました……
　　本当のしあわせは目に映らずに
　　案外傍にあって気付かずにいたのですが……
　　君が其処に生きているという真実だけで
　　幸福なのです

[幸福論　椎名林檎作詞　1999]

つまり,自分と相手の「二者関係」の中に幸福が存在しているのです。「幸福」は,ずいぶんと「狭い世界」に押し込められていくのです。

「幸福とは何か」は,時代状況の中で変容します。この変容を的確に感じ取りながら,社会成員それぞれの幸福の向上をはかるために,「幸福になるため」の機会提供システムを社会的に構築する必要があるのです。欧米では,幸福感に関して膨大な心理学的研究があります。わが国の状況をみると,「老年学」領域では,幸福感が中心的テ

ーマの1つになっています。しかし，一般の心理学研究では，最近になって幸福感に関する概観論文（吉森, 1992, 1993；根建・田上, 1995）も現れましたが，実証的研究としては少し遅れた分野になっています。今後ますます高まる社会福祉の重要性を考えますと，幸福感に関する社会心理学的研究への期待は大きいはずです。

2 お互いに援助し合う社会

諸井克英

援助行動の光と影

　1995年1月17日に兵庫県南部を震源地として「阪神・淡路大震災」が起こりました。これは、都市の安全神話の崩壊とともに、ボランティア活動の重要性を教えてくれました。全国各地から120万人ものボランティアが被災地にかけつけたのです。「個人ボランティア」、「ボランティア団体」、「NGO」という3種類の人々が援助活動にあたるなか、復興に向けた種々の人的組織化も行われました（松井・水田・西川編, 1998参照）。とりわけ、「他者に対する無関心」を基本的心性と特徴化されたり、「新人類」のラベリングをされたはずの若者が多くボランティア活動に従事したことは、従来の「若者観」の棄却にもつながる出来事でした。

　社会福祉は、ホームヘルパーなどの「職業的介護者」による援助によって担われるだけではありません。ボランティアなどに代表される日常的援助者の役割も重要となります。その意味では、大震災時のボランティア現象は福祉社会の実現の予兆ともいえる「明るい」出来事といえます。しかし、私たちが「他者への思いやり」をもっているとは、そう単純には言い切れないのです。

1.「自己成長」の道具としてのボランティア活動

高木（1998）は，過去の諸研究の援助行動の定義を整理し，次のように再定義しています。

> 援助行動とは，他者が身体的に，または心理的に幸せになることを願い，ある程度の自己犠牲（出費）を覚悟し，人から指示，命令されたからでなく，自ら進んで（自由意志から），意図的に他者に恩恵を与える行動である。（高木，1998）

突如発生した「阪神・淡路大震災」からの復興のためのボランティアは，この定義によくあてはまります。

大震災時のボランティアに関する研究は多く試みられました。例えば，高木・玉木（1995）は，地震発生1〜2カ月までに各避難所のボランティアを対象に調査しました。ボランティア経験と被ボランティア経験をみますと，有効回答者（159名）のうち62.9％がボランティア経験も被ボランティア経験もありませんでした。つまり，この震災ボランティアは，「誰もがその意思さえあればボランティア活動に参加できることを証明」（高木・玉木, 1995）したのです。

また，高木・玉木（1996）は，京都YMCAによる震災救援活動に関わった会員ボランティアと，救援プロジェクトに応募・登録した救援ボランティアを対象に調査しました。その中で，ボランティア活動に参加した動機を尋ね，動機の構造を探索したところ，表2−1に示す7側面が抽出されました。高木・玉木は，7つの動機の強さについて，会員ボランティアと救援ボランティアで比較しました。「Ⅰ．共感と愛他的性格に基づく援助責任の受容」，「Ⅱ．好ましい援助，非援助経験」，「Ⅴ．援助要請への応諾」では，会員ボランティアのほうが強い動機を示しました。「Ⅳ．被災地や被災者への好意的態度」，「Ⅶ．被災地との近接性」では，救援ボランティアの動機が強い傾向にありました。つまり，「宗教的背景」がなくても，被災地に対する心理的距離感は，ボランティアへの参加意欲を高めたのです。

表2-1 ボランティア活動の参加動機の構造―主成分分析〈直交回転〉の結果の要約―（高木・玉木，1996より）

〔Ⅰ. 共感と愛他的性格に基づく援助責任の受容〕
 「被災者が気の毒に思えたので」
 「日頃から何か良いことをしたいと思っていたので」
 など7項目
〔Ⅱ. 好ましい援助，被援助経験〕
 「以前にこのような経験をして良い気持ちになった経験があったので」
 など3項目
〔Ⅲ. 利得・損失計算〕
 「援助すれば何らかの報酬や返礼が期待できたから」
 など3項目
〔Ⅳ. 被災地や被災者への好意的態度〕
 「被災地の神戸やそこに住んでいる人たちが好きだから」
 など2項目
〔Ⅴ. 援助要請への応諾〕
 「援助するように直接誰かに頼まれたので」
 など3項目
〔Ⅵ. 良い気分の維持・発展〕
 「援助しようとする人が自分の周りにはほとんどいなかったので」
 など3項目
〔Ⅶ. 被災地との近接性〕
 「自分が被災地の近くに住んでいるので」など
 など2項目

$N=202$

 ところで,「阪神・淡路大震災」が起きた1995年は,「ボランティア元年」と呼ばれています（高木，1998）。しかし，実はその前からボランティアに対する意識はかなり肯定的になっていました。ボランティアの状況や意識を調べた全国調査（総理府広報室編，1994；15歳以上の者を対象）をみますと，ボランティア活動に半数以上（61.9％）の者が関心をもち，30.1％の者がボランティアへの参加経験を示しています。しかし，表2-2のボランティアへの参加意義をみますと，興味深い構図が浮かび上がります。つまり，ボランティア活動に関わった者は，被援助者への支援自体よりも，自分

表2-2 ボランティア活動への参加意義（総理府広報室編，1994より）

	回答率（%）
〔自己成長〕	
ものの見方や考え方が深まった	37.3
人間性が豊かになった	26.5
知識や技能が身についた	8.2
〔対人関係の構築〕	
多くの人たちとの交流の場を得ることができた	36.2
友人を得ることができた	35.1
〔満足感〕	
満足感や充実感を得ることができた	26.3
活動そのものが楽しかった	15.2
〔活動自体の意義〕	
ボランティア活動の大変さがわかった	19.3
活動の内容に対する理解が深まった	16.1
ボランティア活動の重要性を認識した	15.6
〔社会貢献〕	
自分の経験・技能を社会や人のために活かすことができた	12.1
他の人の学習活動を支援することができた	3.7

複数回答
N=646
項目の分類は筆者による。

自身の側の心理的有益性を意識しているのです。

　ボランティア活動自体の動機がどうであれ，このような活動が，福祉社会の一角を担うことは間違いありません。国が福祉すべてを制度的に保証することはもともと限界がありますし，人々の内在的義務感が福祉の大きな基盤となるべきだからです。古川（1997）は，社会福祉政策・制度に関するさまざまなパラダイムを図2-1のように位置づけています。

　国家制御-公設公営主義パラダイム：「公的責任の原則」に基づき，戦後の社会福祉政策の骨格となる考えで，厚生行政を中心とする福祉政策を推進

　日本型福祉社会-新保守主義パラダイム：1973年のオイルショ

```
                        集権主義
    Ⅲ型                      │  Ⅰ型
    「統制型分離-自助民活主義」パラダイム   │  「国家制御-公設公営主義」パラダイム
                            │
                    ←───────┤
  自由市場原理                  │          社会市場原理
  ─────────────────────────────┼──────────────────────────
                            │
                            ↓
    Ⅱ型                      │  Ⅳ型
    「日本型福祉社会-新保守主義」パラダイム │ 「自治型分権-福祉多元主義」パラダイム
                            │
                        分権主義
```

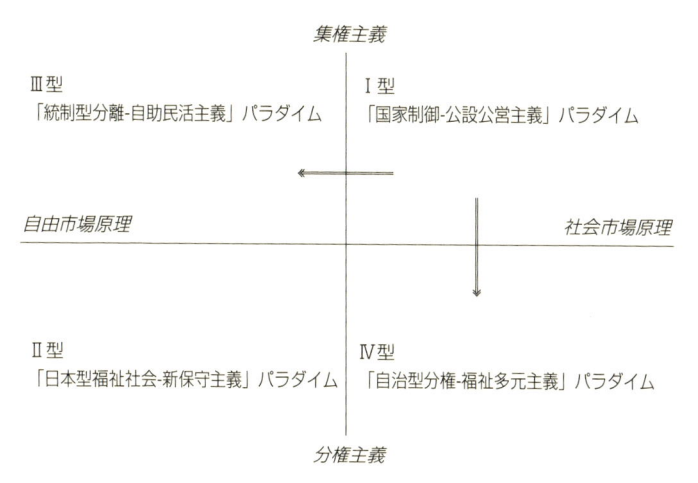

図2-1　社会福祉政策・制度に関するパラダイムの位置づけ
(古川,1997より)

ックを契機として登場した考えで,西洋的な市場メカニズムと家族を中心とする共同体的な生活原則の提唱

統制型分権-自助民活主義パラダイム:厚生省主導の下で行われ,福祉行政の分権化,規制緩和,民間への移行が中心

自治型分権-福祉多元主義:市町村を基盤とする自治型の社会福祉であり,非営利的な組織や活動を中心

わが国の今後の方向として彼が提唱する「自治型分権-福祉多元主義」パラダイムでは,「民間非営利組織」や「インフォーマルネットワークの活動」が重視されるのです。

　このようなボランティア活動を学校教育の中で「強制化」することも重要かもしれません。実際に,学校社会でのいじめや学級崩壊などの問題や若年者の犯罪に対処するための1つの方策として,青少年に一定期間の「奉仕活動」を義務づけることが提言されています(西尾編,2000)。農作業,森林整備,高齢者介護などの人道的

作業に強制的作業に従事させることによって,次のような効果があるというわけです。

> 力と健康と忍耐する心を有していることに満足し,受けるだけではなく,与えることが可能になった大人の自分を発見する。障害者もできる範囲ですべての奉仕活動に加わるから,彼らも新しい社会を発見し,多くの友人を得るだろう。(曾野,2000)

この主張は,戦前の「道徳」の問題と絡まって大きな論議となっています。曾野の主張は,奉仕活動による「有能感」の形成と「社会的自己の拡大」という点で,的を射ているかもしれません。しかし,このような強制的な「奉仕活動」への従事は,先述したボランティアと異なり,本当に「自己成長」や「他者への思いやり」の醸成が起きるかは微妙です。

例えば,デシ(Deci, 1975)が提唱した認知的評価理論に基づきますと,奉仕活動の強制は肯定的影響をもたらさないと考えられます。彼が行った基本的実験は次の通りです(Deci, 1975)。第1セッションでは,大学生がもともと興味を示すパズルに何も報酬を与えずに取り組ませます。被験者の半数にはセッション終了時に次の日の第2セッションでは正解に対して金銭報酬が出ることを予告します。3日目の第3セッションでは報酬は与えられません。ここで彼が指標としたのは各セッションの休憩時間中に被験者が自発的にパズルに取り組んだ時間です。第1セッションと第3セッションを比較しますと,第2セッションで報酬を与えられた条件の被験者では,パズルへの自発的取り組みの低下が起きていました。つまり,外的報酬が被験者の「内発的動機づけ」を低下させたのです。「内発的動機づけ」とは,興味や関心などのように個体内部に存在する行動の推進力です。逆に,「外発的動機づけ」とは,賞や罰などの個体外部にある誘因によって引き起こされます。デシの知見は,彼が提唱した認知的評価理論の命題を実証したことになります。

命題Ⅰ：内発的動機づけが影響をこうむりうる一つの過程は，認知された因果律の所在が，内部から外部へと変化することである。これは，内発的動機づけの低下をもたらすであろう。
(Deci, 1975, 石田訳)

このことを先の「奉仕活動の強制」に適用しますと，子どもが高齢者介護を体験しても，「教師による評価」を得るための外的報酬によって自分の行動を解釈することになります。そうすると，その子どもには「他者に対する思いやり」という内発的動機づけは育まれません。つまり，青少年に対する「奉仕活動」の義務づけの提唱（西尾編，2000）は，「強制」のもたらす功罪を勘案し，内発的動機づけを醸成するように工夫しなければ，福祉社会の実現にとって逆機能することになるのです。

2. 見捨てられる他者

1964年の早朝にニューヨークの住宅街でキティー・ジェノヴィーズという若い女性が暴漢に襲われ殺される事件が起きました。ところが，事件後の調べで，住宅街に住んでいる38名もの人々が「現場」を目撃していたことが分かりました。だれ一人彼女を助けようともせず，警察にも通報すらしなかったために，彼女は殺されたのです。

ラタネとダーリー（Latané & Darley, 1970）によれば，この事件は，都会人の「無関心や冷淡・無頓着」を表す象徴的出来事としてマスコミなどによって解釈されます。しかし，ラタネとダーリーは，たまたまその人がおかれた状況や条件によって，だれもが「冷淡な傍観者」になることを一連の実験で明らかにしました。

例えば，ラタネとダーリー（1970）は，次のような実験を行いました（実験11）。実験参加を依頼された男女大学生が互いに顔を合わせないように小部屋に通され，「都会生活での個人的問題の経験」について論議するように求められます。ただし，論議は顔を合わさ

ずマイクを通して行われ，だれかがマイクを使っているときには，他の者のマイクが作動していないと，説明されます。順番に経験を話しているうちに，1人の被験者（実際には実験協力者）が次のように「発作」を起こします。

> 「僕は，僕は……ううう……ちょっとだれか……発作なんだ……死にそうだ……ええぇ……発作（その後，沈黙する）」（Latané & Darley, 1970, 竹村・杉崎訳）

ここで操作されたのは，被験者が自分と同じように他の小部屋で論議に参加していると思い込んでいる人数です。

2人集団条件：被験者自身と発作を起こした者
3人集団条件：被験者自身と発作を起こした者の他に1人の参加者
6人集団条件：被験者自身と発作を起こした者の他に4人の被験者

ここでは，発作が起きた時から被験者が自分の小部屋を出るまでに経過した時間が測定されました（6分経っても被験者が動かないときには実験は中止）。結果を表2-3に示します。自分以外にも傍観者が多くいる場合には，緊急事態が起きても援助行動が生起しない傾向が認められました。キティー・ジェノヴィーズ事件での目撃者と同様に，援助が潜在的に必要とされる緊急事態が発生しても，他の目撃者が多くいますと，その分だけ自分自身の「援助責任」が拡散するのです。

表2-3 集団の大きさと緊急事態発生の報告 （Latané & Darley, 1970より）

傍観者の人数	発作中の報告率	6分以内の報告率	報告までの時間
2人集団（N=13）	85%	100%	52秒
3人集団（N=26）	62%	85%	93秒
6人集団（N=13）	31%	62%	166秒

ラタネとダーリー（1970）は，援助行動生起におよぼす種々の状況要因の重要性を示したのです。彼らの研究を契機に援助行動の心理的メカニズムを明らかにするための膨大な研究が生み出されます（高木，1998参照）。

　確かに実験的にはラタネとダーリー（1970）は都会人の「無関心や冷淡・無頓着」仮説を棄却しました。しかし，現実はそう簡単ではないのです。いわゆる状況要因の影響ではなく，私たちはやはり「冷淡に」他者を見捨てることもあるのです。

　大震災からほぼ半年後である1995年10月18日の朝，大阪の繁華街にある戎橋で若者（たち）が「ホームレス」の男性を道頓堀川に投げ込んで逃走するという事件が発生しました。この男性は水死します。この事件は出勤途中の多くの人々が「通り過ぎる」中で起きたのです。この事件の1つの争点は「単独犯」であるかどうかですが，容疑者である若者の心理的背景を描写した北村（1997）は，次のようにこの事件の意味を提起しています。てんかん発作をかかえる「弱者」である若者は，自分に対する種々の差別の中で，「ホームレス」という「弱者」を「発見」し，自己の弱さを否定するために「ホームレス」に対して攻撃を加えたのです。つまり，この若者は，「弱者いじめの連鎖」に埋め込まれてしまったのです。さらに，多くの通勤途中の人々がこの事件を見過ごしてしまったのは，一般人の「ホームレス」に対する差別意識が基底にあるのです。この若者の「罪は罪」としても，「ホームレスの人をいじめているときに，だれも止めたことがない」という彼の経験は，社会が彼に「弱者への思いやり」を学習させ損なっていることを意味します（北村，1997）。

　つまり，この事件は，キティー・ジェノヴィーズ事件のように「傍観者効果」としては解釈されません。さらに，このような「ホームレス投げ込み」事件を考えますと，「阪神・淡路大震災」時のボランティア現象が福祉社会に向かう大きな動機づけになるとは単純に

は思えません。若者はもっと複雑な心性を抱えているのです。

3. 身勝手な人助け

　私たちは，困っている人に直面したときに，必ずしも援助の手を差しのべるわけではありません。ミラー（Miller, 1977a, b）は，価値相応性（deservingness）という観点から援助喚起における人間の「自己中心性」を明らかにしました。

　ラーナー（Lerner, 1980；諸井，1983参照）は，「自分たちはそれぞれが受けるに値するものを得，得ているものを受けるに値するような世界に住んでいる」という正当世界信念（a belief in a just world）を中心概念において，さまざまな社会行動の説明を試みています。この考えによれば，援助喚起にとって，当該の人に生じているものがその人に値しているかどうかの判断が重要となります。援助の必要な人に直面したときに，援助ができないことは，正当世界信念に脅威を与えます。そのため，援助可能であれば，援助によってその信念を維持することになります。ただし，何らかの理由で援助できない場合には，その人物の人格的価値（personal value）を認知的に低めようとします。つまり，「その人物はもともと援助を受けるに値しない取るに足らない人物」と考えるのです。

　ラーナーの考えは，ラーナーとシモンズ（Lerner & Simmons, 1966）の実験が基になっています。彼らは，女子学生被験者に同輩の女子学生が学習実験に参加している状況に直面させます。そこでは，同輩学生つまり犠牲者が学習の誤りをおかすたびに電気ショックが与えられます。何の報酬もないのに電気ショックに苦しんでいることに無力である被験者は，その犠牲者に低評価を与えます。つまり，被験者は，その犠牲者が取るに足らぬ人物であると認知的に歪曲することによって，正当世界信念の維持をはかったのです。このラーナーらの実験は，先述した「ホームレス」の男性が川に投げ

込まれたのに「通り過ぎた」人々（北村，1997）の心性に対応しています。目の前で起きたことは、「正当な」出来事なのです。

　通常、ボランティア組織の財政的基盤は、寄付やバザーなどの「自主財源」によっています。いわば人々の「善意」によっているわけです。ところが、この「善意」は頼りないものかもしれません。例えば、2000年最初の静岡県ボランティア協会によるバザー収益が4分1に激減しました（毎日新聞，2000）。つまり、不況が人々の「善意」を小さくしているのです。このように、私たちは、自分の「幸福」が脅かされますと、他者の「幸福」に無関心になるのかもしれません。

　ミラー（1977a, b）の一連の研究では、自分自身が正当な報酬を受け取れない状態では、他者の苦しみに無関心になることが明らかにされました。検討された基本仮説は、以下の通りです。

　　仮説a：人々は、自分自身と他者の両方が受けるに値する報酬を得ることができるように動機づけられる。
　　仮説b：他者の正当性への関心の表明が自分自身の価値相応性への中心的関心に脅威を与えるならば、他者の正当性への関心は、行動として強く現れることはない。

　ミラー（1977a, 実験1）は、ほぼ1時間かかる「概念形成」実験と称して男子大学生を集めました。被験者は、16枚のカードそれぞれに対して、実験者があらかじめ設定した「概念」に合致するかどうかを、「Yes」か「No」で答えます。カードごとに、実験者は被験者の判断の正しさを伝えます。最後に、被験者は一連のカードが表す「概念」を答えました。この課題では、被験者は、最初のうちは適当に「Yes」か「No」を答えます。しかし、試行が進むうちに、「Yes」と答えるべきカードに共通する「特徴」に気がつくのです。45分間この課題に被験者が取り組んだ後に、実験者は被験者がうまくいったと伝えました。

表2-4-a　報酬水準と援助価値の関数として被験者が志願したセッション数に関する条件別平均値（Miller, 1977a，実験1より）

報酬水準	援助価値	
	被援助者なし	被援助者あり
1ドル	6.50	5.83
2ドル	8.83	14.16

各条件：$N=12$

　その後，被験者は，この「概念形成」課題の体験の有無の効果を調べる別の実験への参加を促されました。別の実験者が現れ，「説明用紙」を渡し，被験者が参加したいセッション数（最大20セッション）を尋ねました。「説明用紙」によって，①被験者が受け取る報酬と②援助相手の独立変数の操作が行われました。被験者は，1セッションあたり1ドルか2ドル受け取りました。それぞれの条件のうち半数では，「夫が子ども2人を残して出ていった女性」の話を読ませ，彼女たちに心理学部として援助するために，被験者が1セッション行うごとに彼女たちに1ドル援助すると伝えられました。つまり，「被験者1ドル/被援助者1ドル」条件と「被験者2ドル/被援助者1ドル」が設けられたことになります。

　操作の妥当性をみるために，1セッションあたりの報酬の妥当性を被験者に評定させたところ，1ドル受け取る場合よりも2ドルのほうが妥当であると判断していました。表2-4-aには，被験者が志願したセッション数が示してありますが，「報酬水準」の主効果と「報酬水準×被援助者の有無」の交互作用が有意でした。1ドル条件では被援助者の存在は志願数に影響しませんのに，2ドル条件では困っている母子の存在が志願数を高めたのです。自分自身が妥当な報酬を受け取ることができるときにのみ，援助が必要な人に目が向くのです。

　ただし，この実験を厳密に考えると次のようにも解釈できます。

表2-4-b 自己と他者に対する報酬の関数として被験者が志願したセッション数に関する条件別平均値（Miller, 1977a, 実験2より）

1ドル/1ドル	2ドル/0ドル	2ドル/1ドル	3ドル/0ドル
3.67	7.25	11.91	7.58

被験者自身に対する報酬額/被援助者に対する報酬額
各条件：$N=12$

　最も志願セッション数が多い「被験者2ドル/被援助者1ドル」-「被援助者存在」条件では，結局合計3ドルとなりますので，被験者の動機づけが高まったともいえます。そこで，Miller（1977a, 実験2）は，被験者が3ドルを受け取る条件を追加しました。表2-4-bから分かるように，「被験者2ドル/被援助者1ドル」のセッション数が最も高く，やはり他者への援助が自分自身の正当性の保証を前提にすることが明らかになりました。

　ところで，援助が正当世界信念の維持のために行われるのであれば，被援助者と同様に援助を求める人々が大勢いたり，被援助者に対する援助が長期におよんだりする場合には，援助は抑制されるはずです。このような「際限ない」援助の実行は，正当世界信念の維持に役立たず，結局のところ自分自身の幸福を脅かすことになります。

　ミラー（1977b）は，先の研究とほぼ同様な事態に男女被験者をおきました。なお，この研究では，被験者が抱く正当世界信念の強さをルビンとペプロー（Rubin & Peplau, 1973）の正当世界尺度によって事前に測定しました。この尺度は，「1. 私が気づいたところでは，自分の評判に値する人はめったにいない」や「2. 基本的には，この世の中は公正な所である」などの20項目から成り，十分な信頼性と妥当性が示されています。被験者は，この得点に基づいて，高群と低群に分割されました。

　最初の実験（Miller, 1977b, 実験1）では，被援助者と同様な困窮

状態にある者の存在に関する「被援助者の知覚」が操作されました。被験者は，次の3つの条件のいずれかに振りあてられました。

　①**単独条件**：「夫が子ども2人を残して出ていった女性」への援助が要請される。

　②**集団条件**：ロンドン中に同様な女性がたくさんいることを付け加えられる。

　③**統制条件**：援助についての言及はされない。

①と②では，1セッションあたり「被験者2ドル/被援助者2ドル」が約束され，③では志願に伴う報酬については触れられませんでした。

表2-5-aには，被験者が志願したセッション数が示してあります。被験者の性差の有意な効果はみられず，「正当世界信念の強さ×被援助者に関する知覚」の交互作用のみが有意でした。強い正当世界信念をもつ被験者は，他の2条件に比べ単独条件で多くのセッション数に志願する傾向がありますが，弱い正当世界信念をもつ者では3条件間の差違はありませんでした。つまり，正当世界信念の強い者の場合，限定された援助によって困窮者を救うことができることがはっきりしていれば，積極的に援助しようとするのです。

次の実験（Miller, 1977b, 実験2）では，事前に正当世界信念の強さを測定された男女被験者が3ドル支払われる実験に参加した後，困窮家族への寄付を求められました。その際，「援助期間」が操作さ

表2-5-a　正当世界信念と被援助者に関する知覚の関数として被験者が志願したセッション数に関する条件別平均値（Miller, 1977b, 実験1より）

正当世界信念	被援助者に関する知覚		
	単独	集団	統制
高	8.9	3.1	2.1
低	3.0	3.9	4.3

各条件：$N=12$

れ，被験者は，次の条件のいずれかに振りあてられました。

①一時的な苦しみ条件：クリスマス期に限定された援助であり，慈善団体によって選ばれた10家族に寄付される。

②持続的な苦しみ条件：心理学部によって1年間にわたるキャンペーンとして行われ，慈善団体によって選ばれた10家族に寄付される。

寄付額が表2-5-bに表されています。被験者の性別の影響はみられませんでしたが，「援助期間」の有意な主効果と「援助期間×正当世界信念の強さ」の交互作用傾向性が認められました。強い正当世界信念を抱く被験者の場合には，持続的条件と一時的条件の間に寄付額の差違がみられましたが，弱い信念をもつ者では差違が認められませんでした。

これらの実験は，先に紹介した静岡県ボランティア協会の財源不足の例をよく説明できるのです。つまり，自分の「幸福」の維持が優先するのです。したがって，先述した古川（1997）が提唱するような「自治型分権-福祉多元主義」パラダイムでも，いかに個人の幸福を確信させるかが，「民間非営利組織」や「インフォーマルネットワークの活動」にとって重要となるはずです。

表2-5-b 正当世界信念と被援助者の苦悩持続の関数として被験者が寄付した金額（セント）に関する条件別平均値（Miller, 1977b，実験2より）

正当世界信念	被援助者の苦悩持続	
	一時的	持続的
高	167	62
低	127	109

各条件：$N=12$

援助行動の光と影

個人の幸福を確信させる福祉政策

表2-6には，社会志向性と社会貢献に関する全国調査（総理府広報室編，1999；20歳以上）の結果を示してあります。「個人生活重視派」の割合にはあまり変化がありませんが，国や社会全体に目を向ける必要性を感じる人々の割合は明らかに増加しています。また，社会のために役立ちたいという点でも，肯定的な傾向が現れています。しかしながら，個人利益と国民全体の利益の優先度を尋ねますと，あまり「ばら色」ではない結果になっています。つまり，国民全体の利益を重視する人々が個人の利益を重視する人々よりも多いものの，その差違は小さくなっています。

表2-6 社会志向性と社会への貢献意識の推移

（総理府広報室編，1999より）

調査年度	1978	1983	1988	1993	1998 (N=6858)
〔社会志向性〕					
社会志向	37.2	32.7	38.3	45.1	48.3
個人志向	29.3	30.7	35.6	30.6	32.7
〔社会への貢献〕					
思っている	47.8	43.2	52.9	59.8	61.7
〔利益の優先〕					
国民全体の利益				39.2	37.5
個人の利益				23.4	29.9

数値は百分率
社会志向性　社会志向：「国や社会のことにもっと目を向けるべき」
　　　　　　個人志向：「個人生活の充実をもっと重視すべき」
社会への貢献：「日頃，社会の一員として，何か社会のために役立ちたいと思っているか」
利益の優先　国民全体の利益：「個人の利益よりも国民全体の利益を大切にすべきだ」
　　　　　　個人の利益：「国民全体の利益よりも個人個人の利益を大切にすべきだ」
調査年次：1998年12月
対象：20歳以上の男女

これらの傾向は，次のように読みとれるかもしれません。社会志向や社会貢献の点での傾向は，二律背反的に「個人の犠牲」を含意しているのではなく，「自己実現」や「自己成長」の1つの手段としてそれらが志向されることを示しているのです。

　このように考えますと，「阪神・淡路大震災」のボランティア現象とその半年後に大阪で起きた「ホームレス」事件の傍観は，実は同一の個人的動機づけで起きているとも推測できます。前者は，結局のところ「自己成長」あるいは「自分探し」の行動と考えられますし，後者での非援助は，もともと「見下し」の対象である「ホームレス」の援助が「自己成長」につながらないと判断されているためなのです。

　人の「自己中心性」を前提にすれば，個人の幸福を確信させる方向での福祉政策が重要といえます。「他者への思いやり」を声高に唱導する前に，他者の幸福の彼方に自分自身の幸福もあることを示すことが必要なのです。平野（2000）は，「夢子」という少女の目を通して高齢化社会での福祉の大切さを説く「福祉ものがたり」を著しました。その中に，幼なじみの「知恵」と一緒に「夢子」が老人ホームでのボランティアに従事する一節があります。「夢子」は感謝の表現を示さないおばあさんがいたことに「ムッと」しますが，「知恵」が次のように論します。

　　「……タダでしてあげてると思うから腹がたつ。でも，ほんとのボランティア精神というのは相手の感謝の気持ちを期待することじゃない。自分の人格を高めさせてもらうためにするんだって」（平野，2000）

つまり，「自己犠牲」を表す美辞麗句よりも，援助者自身の「自己成長」を確信させることが肝要なのです。

　1973年の「オイル・ショック」は，あたかも無尽蔵に存在していると錯覚している私たちの資源が実は「有限」であることを教えて

表2-7-a　資源稀少性の関数としての分配原理の公正さ知覚（Greenberg, 1981より）

分配原理	資源稀少性	
	稀少（石油）	豊富（石炭）
必要性	7.41a	4.96b
平等性	2.36c	5.06b

N=155
「かなり不公正な〈1〉」～「かなり公正な〈9〉」
異なる英文字は5％水準で有意に異なる（Tukey HSD法）

くれました。援助が自己が保有している資源の「再調整」であると考えると、この「資源の有限さ」の認知は、福祉の問題にとって重要となります。

　グリーンバーグ（Greenberg, 1981）は、分配資源の有限さと分配原理との関係を検討しました。彼は、資源の有限さによって、次の2つの分配原理の公正さが変化すると考えたのです。

　①**平等性原理**：利用可能な供給品がすべての消費者の間で平等に分配される。

　②**必要性原理**：その供給品に対する依存度の高い消費者は、依存度の低い消費者よりも優先される。

グリーンバーグは、男女大学生に、「石油」と「石炭」の場合に2つの分配原理がどのくらい公正であるかを評定させました。結果を表2-7-aに示してあります。「分配原理×資源の有限さ」の交互作用が有意であり、乏しい資源の分配の場合、平等性原理は公正でなく、必要性原理が公正であると判断されました。資源が豊富である場合には、いずれの原理も中程度の公正さが示されました。

　グリーンバーグ（1981）は、別の実験では、「消費に応じた価格設定」の公正さに焦点をあてました。「石油」と「石炭」の場合に次の3通りの価格設定がどのくらい公正であるかを判断させました。

表2−7−b 資源稀少性の関数としての価格設定の公正さ知覚
（Greenberg, 1981より）

価格設定	資源稀少性	
	稀少（石油）	豊富（石炭）
高使用に対して高価格	7.04a	5.19b
高使用に対して低価格	3.13c	4.99b
使用高低にかかわらず同一価格	4.99b	6.66a

N=155
「かなり不公正な〈1〉」〜「かなり公正な〈9〉」
異なる英文字は5％水準で有意に異なる（Tukey HSD法）

①消費量が多いほど高価格にする。
②消費量が多いほど低価格にする。
③消費量にかかわらず同一価格にする。

表2−7−bにみられるように，「資源の有限さ」と「価格設定」の有意な交互作用が得られました。乏しい資源では，消費量にスライドして高価格にする方法が最も公正であり，逆に低価格にする方法は最も公正でないと判断されました。

グリーンバーグは，資源の枯渇が「必要性原理」の重視を導くことを示しました。しかし，その乏しい資源を多くの者が欲したときにどのようになるか答えていません。先に述べた「人の自己中心性」を前提にしますと，結局，何らかの大きな勢力を有する者が資源分配を自分に有利にするかもしれません。実際，経済的不況になり，国や自治体の収入が減りますと，「福祉の切り捨て」が起こりやすいことも，「人の自己中心性」を示しています。

相互援助の重要性

日常生活の中で何か困難な状況に直面し，まわりのだれかに援助を要請したり，精神的な支えになる人からアドバイスを受けたりす

ることがあります。逆に、何か困難に陥っている人に援助を与えたりもします。このように、日常生活の中で交換される物質的援助や精神的援助を「社会的支援」と呼びます。ここで重要なのは、この概念には職業的専門家による援助は含まれていないことです。先述した大震災時の救助活動についていえば、消防隊員の活動はこれには含まれませんが、ボランティア活動は積極的な社会的支援といえます。

身体・精神的健康における社会的支援の重要性は、精神障害や精神衛生に関する研究の中で最初にキャッセル（Cassel, 1974）によって指摘されています。また、キャプラン（Caplan, 1974）は、有害な環境においても個人が健康を保てることを目的とした、支援の専門家（ソーシャル・ワーカーなど）に加え非専門家も含めた支援システムを提起しました。コッブ（Cobb, 1976）も、先行研究を検討し、人間の誕生から死に至る人生周期におけるさまざまな移行において支援が身体・精神的健康不全の予防的機能をはたすことを示唆しました。支援の機能がこのように指摘されて以来、支援に関する膨大な研究が生み出され、支援が身体的健康や精神的健康を増進させることが認められています（浦、1992参照）。

従来の研究での基本的考えに基づきますと、他者から支援を実際に受けたり、支援を受ける環境にいると感じることは、肯定的効果をもたらすことになります。つまり、職業的専門家の配置・充実に加え、援助的環境の構築も福祉政策の重要な課題といえます。

ルーク（Rook, 1987）は、孤独感と支援との関係に衡平理論を適用しました。衡平理論とは、アダムス（Adams, 1965）が人々が営む当該の交換関係の公正さを判断する主観的基準として提起した衡平性の概念を中核とする理論です。彼によれば、自他のアウトカム（O：その交換関係から得ているもの）と、インプット（I：その交換関係に投入しているもの）に関する自他の比率（O/I）の比較が

```
═══当事者Aの認知═══        ═══衡平・不衡平の定義═══
```

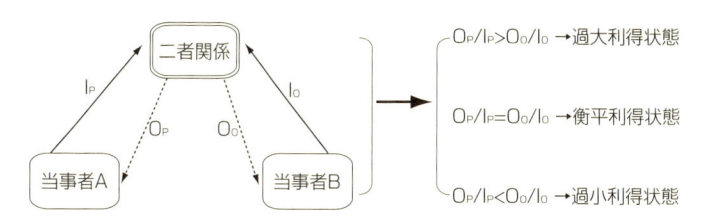

図の説明:
- 二者関係 — 当事者A (I_P, O_P)、当事者B (I_O, O_O)
- $O_P/I_P > O_O/I_O$ →過大利得状態
- $O_P/I_P = O_O/I_O$ →衡平利得状態
- $O_P/I_P < O_O/I_O$ →過小利得状態

図2-2 二者関係における衡平性―インプットとアウトカムの認知―

衡平/不衡平経験をもたらします。これを図2-2に表します。ウォルスターら(Walster *et al.*, 1978)は，これを対人関係全般に拡大しました。先行研究では，恋愛関係や夫婦関係への衡平理論の適用がおおむね妥当であることが見いだされています(諸井，1998参照)。

ルーク(1987)によれば，まわりの者からの支援自体よりも，他者から受ける支援と自分自身が他者に与える支援に関する返報性の有無が，心理学的幸福感にとって重要なのです。衡平理論の観点からは，一方的に他者から支援を受けている状態(過大利得状態)，あるいは一方的に他者に支援を与えている状態(過小利得状態)のいずれも心理学的苦悩をもたらすと予測されます。つまり，自分が営む社会的ネットワークから受ける支援の程度と自分自身が社会的ネットワークに与える支援の程度が釣りあっているほど，満足感が引き起こされるはずです。

ルーク(1987)の研究では，配偶者と死別した高齢女性を対象として，支援の点での衡平性と孤独感との関連が検討されました。仲間づきあい，情動的支援，および道具的支援の点での「社会的ネットワークから受ける支援」と「自分自身がそれに与える支援」の有無の差である差異得点が算出されました。この差異得点と孤独感との関係をみますと，支援の点で社会的ネットワークと自分との関係が

衡平であるほど、孤独感が低い傾向が認められました。藤原・来嶋（Fujihara & Kijima, 1990）は、老人ホームに居住する高齢者を対象とする調査の中で、「ストレスに直面した時に援助してくれる者」と高齢者自身との間の衡平性の認知に伴う苦悩が孤独感と有意に関連していることを報告していますが、これもルークの考えを間接的に支持することになります。

ところで、ルーク（1987）が操作的に定義した衡平性では、特定の支援の有無のみが注目されており、特定の人物との関係よりも社会的ネットワーク全体での交換状態が問題にされていることになります。ヴァンティルバーグら（van Tilburg et al., 1991）は、特定の支援を交換する人物が複数にわたることも加味した研究を試みました。衡平な関係数が多いほど孤独感が低くなる傾向を示す相関もみられましたが、過大利得であるほど孤独感が高くなり過小利得であるほど孤独感が低くなる傾向が多くみられました。また、衡平な関係であるほどむしろ孤独感が高くなることを示す相関もありました。したがって、ルークが認めた傾向が再現されたとは言い難いことになります。

つまり、ルーク（1987）が提唱した衡平理論の支援への適用は、明確に支持されたとはいえません。しかし、他者から一方的に供与される支援が孤独感の低減につながらないという立場は、衡平理論からすると興味深い考えといえます。さらに、先行研究で焦点とされている支援が他者から提供された支援に偏っていることを考えると（Tardy, 1985）、ルークの考えは興味深いといえます。

「衡平性」という用語を用いていませんが、櫻田（1997）が提唱する「自助努力支援型政策」は、ルーク（1987）の観点に通じています。櫻田は、「恵まれない人々に愛の手を」という考えが従来の福祉の根幹の発想になっていることを指摘します。それに対して、彼は、障害のある人々にも「納税の義務」があることを提唱します。

そのためには,すべての人々が納税者になれるような政策の実行が必要になります。つまり,従来の福祉政策は,「個々の人々が自分に誇りをもち堂々と生きる精神」を萎えさせる側面をもち,「常に施しを受ける」側にあるという点で不衡平感を抱かせているのです。障害をもつ人々にも職業上の役割を担うことができるように保証する社会システムの実現こそが櫻田の社会福祉政策の根幹なのです。

櫻田(1997)は,そのような1つの役割として「シンボリック・アナリスト」をあげます。資本主義経済の発展を洞察したライシュ(Reich, 1991)は,経済のグローバル化の中で次の3つの職業区分が生じることを指摘しています。

ルーティン・プロダクション・サービス:繰り返しの単純作業。標準的な手順や規則に従って製品を産出する。

インパースン・サービス:繰り返しの単純な作業。人間に対して行われる。時間に正確で,他者から信頼され,好感を得る行動をする。

シンボリック・アナリティック・サービス:シンボル操作によって,問題点を発見・解決・介入する。現実を抽象化し,それらを組織化し,他分野との交流などを経て,最後に再び現実化する。

彼は,経済のグローバル化とともに,「シンボリック・アナリスト」の重要性が高まることを主張しています。櫻田の着眼は,この職種では他の2職種の場合に比べて自らの障害が不利になりにくいことにあります。これは,障害者が自己表現の手段としてワープロを利用できるかにもかかっています。例えば,松兼(1994)は,障害者の観点から,健常者の側から構成された「福祉」社会を批判的に観察しています。彼が「自分自身のあり方を含めて,日本の現実と未来を問いなおそう」とすることができるのは,彼が「鼻先でワープロを」打つ技術を習得しているからです。したがって,だれもが

「シンボリック・アナリスト」になればよいというよりも，それぞれの人が抱く種々の「志し」を開花させる社会的システムを障害者にも用意すべきなのです。

介護者の側の苦悩

先に述べたように，わが国では，社会福祉政策の根幹は，国民の「幸福追求権」や「最低限度の生活保障権」の実現にあります。そのためには，①どのような人々に社会的援助を与えなくてはならないのかという問題と，②だれがその援助の具体的実行者になるのかという問題があります。

例えば，最近制定された「介護保険法」は，②の点で画期的な法律といわれています。わが国では，長寿化の進展とともに高齢者人口が増加し，2010年頃には65歳以上人口割合が21.3％となると予想されています（厚生省編，1996）。このような状況に対応して，ゴールドプランや新ゴールドプランなどさまざまな政策が実行されています。高齢化の進行によって要介護高齢者も急増するために，常時介護が必要で家庭生活が困難な高齢者の介護を目的とする特別養護老人ホームの建設も推進されています（1994年度には2982施設に達している）。しかし，ハード面での充実とともに，家族の中での介護システムは立ち後れた状態にあり，家族がその「介護労働」を背負っていたのです。「一体的な家族さらには親族による扶養や近隣・地域共同体による相互扶助という欧米にはない要素」が「福祉の含み資産」として活用されてきたのです（古川，1997）。

その「介護労働」の心理的支えは，「親の面倒は子がみるべき」という道徳律です。さらに，家族の中でこの労働を妻が背負っているのです。まさに，イリイチ（Illich, 1981）が概念化した「シャドウ・ワーク」の典型例です（土肥，2000参照）。つまり，夫の親に対してもその道徳律が「強制」されるわけです。平均寿命がそれほ

どでなければ，妻はその負担に「我慢」できるかもしれません。しかし，長期にわたる介護労働は当然妻の側の身体・心理的健康を損ねることになります。つまり，もはや介護問題は，家族という絆の中で対処できなくなっているのです。これは，介護を個人的関係水準に依存させてしまうことによって起きているのです。

例えば，南山（1997）は，この家族介護に伴う心理学的苦悩を概観しています。その中で，高齢者介護についてはいわば衡平理論の観点から解釈されるが（親に対する返報としての介護），精神障害者家族の場合にはそうはいかないことを指摘します。後者の場合には，発病の原因探しに翻弄されるという特有の苦悩が生じるのです。

結局，制定された「介護保険法」の基本精神の1つは，介護の問題を「要介護者と社会」の水準に押し上げることです。従来は，家族化されていた活動を「職業的専門活動」にしたのです。イリイチが言う「影の経済」からの脱却です。これは，当然，そのような職業的専門家の充実と人数の拡大をはかるための施策につながります。つまり，専門家の養成とともに，その雇用市場も「若者にとってインセンティブの高い，魅力あるもの」にしなくてはなりません（古川，1997）。

石川（1995）は，厚生省の政策の一環として最近急速に増加した特別養護老人ホームでの介護職員について，その介護内容（夜間介護に限定）をきわめて詳細に記録しています。その中で，「ウンチにまみれ，お年寄りにひっかかれ，MRSAに脅かされる」（石川，1995）夜勤労働の現実を描いています。福祉への関心だけでは対応できない現実があるのです。介護する側の苦悩は，「職業的専門化」だけではなくならないのです。介護に伴う種々の苦悩を，家族ボランティアから専門家に転移させるだけなのです。重要なことは，ヒューマン・サービスを担う主体の質的向上だけでなく，専門的介護者の苦悩の緩和なのです。

ところで，マスラックとジャクソン（Maslach & Jackson, 1981）は，特定のヒューマン・サービス従事者にしばしば起こる情緒的消耗感と冷淡な態度（cynicism）から成る症候群をバーンアウトとし，この個人差を測定する尺度（Maslach's Burnout Inventory; MBIと略）を開発しました。これを1つの大きな契機として，看護婦やさまざまな福祉従事者などのバーンアウトの強さやその規定因を明らかにする多くの研究が行われています（田尾・久保，1996）。

　マスラックとジャクソン（1981）が開発したMBIによれば，バーンアウトは次の3側面から測定されます。

情緒的消耗感：ヒューマン・サービス従事による過剰な情動的
　負荷や情緒的消耗感
個人的達成感の低下：ヒューマン・サービス従事における無能
　力感や達成感の低下
脱人格化：ヒューマン・サービスの受け手に対する無感情や冷
　淡な反応

例えば，西堀・諸井（2000）は，看護婦を対象にした調査で，表2-8に示すように，MBIの3因子構造を確認しています。

　これらの3側面のうち，とりわけ「脱人格化」は重要です。「情緒的消耗感」がヒューマン・サービス従事に由来する被験者個人の心理学的不全状態を表すのに対して，「脱人格化」は，他者に対する反応であり，介護－被介護関係の性質を指しているからです（Maslach, 1993）。被介護者をあたかも「もの」のような感覚で扱うことによる「被害」は，本来援助を必要とする被介護者に重大な結果をもたらします。「介護保険法」がもたらした「要介護者と社会」という基本構図では，職業的介護者が家庭の中にも関与してきます。その意味で，社会福祉の一翼を担う介護職員のバーンアウトの様態やその規定因を探ることは，ますます重要な課題となるはずです。

表2-8 バーンアウト尺度の3次元性（西堀・諸井，2000より）

〔Ⅰ．情緒的消耗感〕
　「自分の仕事をやる気がすっかりなくなっている。」
　「朝起きて、また一日働かなければならないと思うと、疲れが出てくる。」
　など6項目
〔Ⅱ．脱人格化〕
　「患者さんがあたかも物であるかのように、私は接していることがある。」
　「この仕事に就いてから、まわりの人々に対してだんだんと冷淡になっている。」
　など3項目
〔Ⅲ．個人的達成感の欠如〕
　「直面している問題について患者さんがどのように感じているかを私はたやすく理解できる。」
　「患者さんが抱えている問題を、私はかなりうまく扱っている。」
　など3項目

$N=454$

おわりに

　日本の戦後の社会福祉政策のパラダイムを検討した古川（1997）によれば、「国家の責任にもとづいて生活保障システムを構築するという理念」が後退し、「生活にたいする個人の責任、社会連帯ないし相互扶助を重視するという方向への理念の転換」が明確になっています。先述した「介護保険法」は、「将来膨大になると予想される社会保障費」を「自立と連帯の精神にもとづいて国民に応分の負担を求める」という財政上の動機を背景にしているにせよ（古川, 1997)、例えば、先述したように結果としての家族関係の変化をもたらす可能性があるのです。第1章で「子どもが老父母の面倒をみるべき」という規範の瓦解について述べました。表2-9-aには、女性を対象とした全国調査（毎日新聞社人口問題調査会編, 2000）で得られた、「介護が必要な高齢者の世話の責任主体」に関する意見分布を示しました。興味深いことにいまだ家族中心の介護（「1」と「3」）を

表2-9-a　介護が必要な高齢者の世話の望ましい形
(毎日新聞社人口問題調査会編, 2000より)

1. 身近な家族が世話をする	10.4
2. 国や地方自治体などの役所の責任で世話をする	2.7
3. 身近な家族が主に世話をして, 足りないところを役所が補う	48.1
4. 主として役所が公的サービスを提供し, 身近な家族が補う	34.7
5. 民間のサービスを利用する	3.1

数値は百分率
調査年次：2000年4月
対象：16-49歳の女性（N=2646）

表2-9-b　「介護に対する社会による支援」に関する態度
(総理府広報室編, 2000より)

	全体 (N=3378)	男性 (N=1510)	女性 (N=1868)
1. 基本的に家族が行うことであり, 社会が支援する必要はない	2.4	3.1	1.8
2. 基本的に家族が行うことではあるが, 社会がある程度支援する必要がある	43.7	47.9	40.3
3. 家族だけでは過重な負担がかかるので, 社会が積極的に支援する必要がある	39.0	33.4	43.6
4. 家族は可能な範囲で行い, 基本的には社会が担うべきである	12.2	12.1	12.3

数値は百分率
調査年次：2000年1月
対象：20歳以上の男女

6割近くの者が望ましいと考えているのです。さらに同様の問題に関する別の全国調査（総理府広報室編, 2000）をみますと, 表2-9-bから分かるように, 興味深い男女差が現れています。男性は介護の中心をあくまでも家庭におく考えが半数を占めるのに（「1」と「2」），女性の側では社会の支援を重視する強い傾向があります（「3」と「4」）。

古川（1997）が指摘するような, 日常生活水準での相互援助をも重要な社会福祉の要素として含み込む社会福祉政策パラダイムの実

現にとって，社会心理学で多くの研究が営まれている「援助行動」や「社会的支援」の領域での種々の知見が有益であることは間違いありません。

3 家族の幸せ，私の幸せ

土肥伊都子

家族単位の福祉

1. 福祉共同体としての家族

　家族は，「婚姻と血縁でつながる，性と世代の異なる集団」であると，一般に社会学では考えられています（上野，1996）。現実に，多くの家族集団は，婚姻と血縁で結ばれた人間関係を含んでおり，他の社会的集団とは，以下のような点で大きく異なっています。第1に，「子どもは親を選べない」という言い方があるように，家族の人間関係を自分で選択することが容易ではありません。第2に，血縁関係で結ばれているのだから，損得勘定などのない，暖かい無償の愛や母性愛があるのが自然である，と思われています。第3に，家族の人間関係は相対的に長期間，固定することが一般的です。

　こうした家族の特徴を考えると，家族は社会福祉をすすめる行政側にとって便利な集団といえます。家族がひと固まりになっていると，一人一人に目を配る手間が省け，実態を把握するのもサービスを供給するのにも，非常に効率がよくなります。例えば日本の所得税法には，人的控除が多くあります。つまり税控除を通じて，世帯主に補助金を与えます。その代わりに，家族員の生活は家族で融通しあうことが期待されます。このように，日本の社会福祉は，「家

福祉」の面が強いのです。家族として個人を一まとめにする根拠も「血縁関係があるから」と明快です。家族の「愛情」が家族のまとまりを支えてくれます。

　また，福祉は公私が責任分担をする必要があるものですが，家族はその「私」の部分を引き受ける集団となります。さらにその責任のもち方は，「補足性原則」（保坂，1982）に基づいているといわれています。すなわち，生活上の困難を解決しようにも，個人や家族の力だけではどうにもならない場合に，はじめてそれ以外の小集団や社会が援助する，という考え方があるのです。

　ところで，家族は，血縁で結ばれた人間関係で成り立っているという側面に関しては，時代による変化はあまりありませんが，一方で，社会情勢や人口学的変化などと連動している側面もあります。落合（1997）は，1955年頃より1975年ごろにかけて，わが国で比較的安定して存在してきた家族形態があったとし，それを「家族の戦後体制」とよんでいます。その特徴は次の3点です。第1に女性が主婦化した点です。企業は年功序列，終身雇用のシステムをとり，男は仕事をして家族賃金を受け取り，女は家庭の専業主婦になる傾向が強まりました。第2に，「再生産平等主義」，つまりみんなが適齢期に結婚し，子どもが2,3人いる点です。第3に，昭和ヒトケタから戦後の団塊の世代（人口学的移行期世代）が担い手になっている点です。これらの特徴をもつ家族は，核家族化しながらも三世代同居の理想をもち続け，コミュニティとあまりつきあわず，マイホーム主義の殻に閉じこもり，子どもや老人の世話を家族で担いきろうとし，けっこうそれが可能だったと落合（1997）は述べています。しかし現在は，「戦後体制」の成立基盤であった人口学的条件が変化し，また経済的には低成長時代に入りました。今や「戦後体制」の家族は，効率的でリスクの低いものではなくなり，むしろ非効率的でしかもハイ・リスクなものへと変わってきました。男性一人だけ

が働いていたのでは、失業の可能性が少なからずあり、また男性一人の年収では満ち足りた生活ができにくくなって、多くの既婚主婦がパートの形で再就職するのが一般的になっています。

このように家族がだんだん形を変化させているにもかかわらず、福祉行政が念頭においている家族は、「戦後体制」のまま大きな変化がなく、現在の家族の現状と微妙にずれています。1973年に起きたオイル・ショックの影響で、日本は福祉国家をあきらめて、「日本型福祉社会」を目標に掲げました。これは家に専業主婦がいることを前提に、家族を「福祉の含み資産」とみなしたものですが、皮肉なことにオイル・ショック以降、現在に至るまでの経済低成長期には、そうした「戦後体制」の家族は縮小傾向に向かいつつあるのです。

2. 家族の中で幸せか

前述したように、日本では家族という集団を有効に利用し、それを福祉共同体とみなし福祉行政に取り込んでいるわけですが、そうしたやり方は、家族の中の個人を幸せにできるのでしょうか。たしかに福祉行政の効率や経費節減の面では優れているかもしれません。しかし家族の中にいる個人の心理面から考えると、こうした福祉の方法は問題がありそうです。

第1に、個人の意欲や主体性を失わせてしまうことが考えられます。というのも、家族の中で生じる出来事は、自分の力ではどうにもコントロールできない場合が多いにもかかわらず、どうにかしようと力むと、それは自分の思い通りにならない経験を重ねることになるからです。自分の思い通りに事が運ばなかった経験は、今後も自分の結果をコントロールできないだろうという考えを導き、その結果、学習性無気力感（Seligman & Maier, 1967）を引き起こす可能性が高まります。例えば家族の1人が痴呆や寝たきりになったとします。あるいは生まれてきた子どもが障害児だったとします。ある

いは夫が暴力をふるい始めたとします。しかし家族が福祉共同体であるという考え方をしている限りにおいて，家族は家族の中だけで何とか問題を解決しようとし，それが失敗に終わるのは珍しいことではありません。すべてが自分の思い通りにはいかない世の中ですから，時にはあきらめるのも心の平静を保つためには有効なのかもしれません。しかし，あきらめることが習慣になると，あきらめる必要のない場面でも動機づけが高まらなかったり，慢性的にうつ状態になるのです。男性に比べて女性はうつ病の発症率が高い（Belle, 1982；Gove, 1984；McGrath et al., 1990）のも，女性が家族の世話役割をすることが一般的であるからでしょう。

　もうひとつは，家族は愛情があって当然で，家族に対する苦労をねぎらうことなど必要がないと思われていることです。苦労しているのに心理的な報酬が得られないのです。サラリーマンとして給与所得がある場合には報酬が形になって与えられますので，満足感が得られやすいでしょう。でも，家庭で「福祉活動」をしている家族メンバーはたいへんです。何も，人に褒められたくて家事や育児や介護をするわけではありませんが，「無償の愛」だけで幸せになれる人は希でしょう。

　例えば子育てなどに手当がきちんと支給されていれば，それを自分の労働賃金と考えることができ，苦労が報われる可能性があります。実際，外国では家族を介護すると，現金給付される場合もあります。控除方式にしてしまうと，年末調整や確定申告で，税の払い戻し金が銀行口座に振り込まれてきますが，それは家族全体に対しての報酬になってしまい，育児や介護などの直接担当者に支払われるものにはなりません。それでは育児や介護でがんじがらめになっている家族の疲労感が癒されることにはならないでしょう。

　要するに，夫婦の労をねぎらえる「手当」の福祉の方法が，もっと考えられてもいいような気がします。家族を世話している人たち

をねぎらうのが目的で税金を軽減しても、その目的が果たせていないのであれば、無駄な出費になっていると言わざるをえません。

こうした社会的条件を改善することも必要ですが、家族間で、お互いの苦労や葛藤をねぎらうコミュニケーションの習慣があれば、心理的幸福感を低下させなくてもすむのかもしれません。険悪な関係の夫婦がコミュニケーションすると、夫より妻の方に免疫力の低下がみられるという研究結果（Kiecolt et al., 1993）もあります。結婚後は役割を遂行することだけが家族の絆の証になってしまう日本では、もっと夫婦の愛情表現を豊かにするスキルを身につけることが望まれます。しかし残念なことに、日本の夫婦のコミュニケーションは、決して満足できるものではありません。例えば、ニッセイ基礎研究所（1994）は、20〜60歳の夫婦を対象にした調査を行っています。夫婦のコミュニケーション・タイプを「沈黙型」「妻だけ会話」「夫だけ会話」「対話型」の4つに分けたところ、それぞれのタイプに入る夫婦の割合は、「沈黙型」が36.4％ともっとも多く、ついで「妻だけ会話」が32.4％、「対話型」は22.7％、「夫だけ会話」は8.5％でした。なお、こうした会話の乏しさは、新婚から育児期、中年期と結婚年数が増すほど、その傾向は強まっていました（図3-1）。夫婦がそれぞれの役割を担うことによって、何とか夫や妻でありえるのが、日本の夫婦の実態なのです（松田，2000）。

家族福祉の問題の2点目としては、家族間の不公平が大きいことがあげられます。家族介護を例に考えますと、たまたま親が皆、元気な高齢者として自立して生活してくれると、その家族はとても楽できます。反対に何人もの家族の介護を何十年にもわたってやらなければならない家族は、生き地獄です。また、家族員の健康面だけでなく、居住条件による不公平も大きくなってきたといわれています。母親が働いている場合、子どもからみると祖父母が保育を引き受けている傾向がかなり強く、とくに子どもの年齢が低いほど、そ

|末子の段階| 沈黙 | 妻だけ会話 | 夫だけ会話 | 対話 (%)

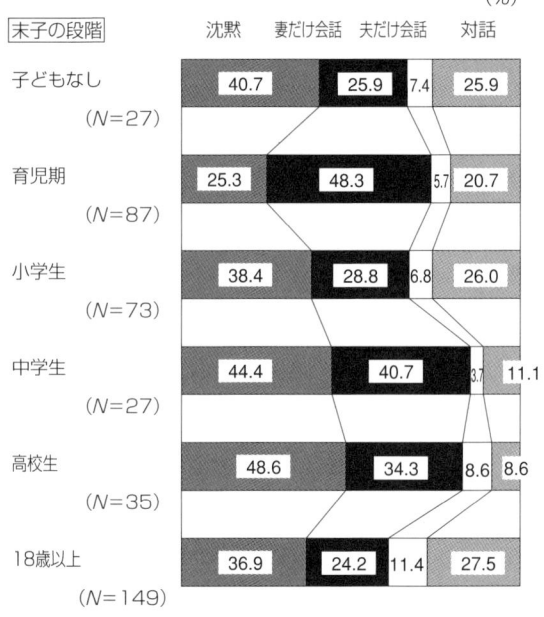

末子の段階	沈黙	妻だけ会話	夫だけ会話	対話
子どもなし (N=27)	40.7	25.9	7.4	25.9
育児期 (N=87)	25.3	48.3	5.7	20.7
小学生 (N=73)	38.4	28.8	6.8	26.0
中学生 (N=27)	44.4	40.7	3.7	11.1
高校生 (N=35)	48.6	34.3	8.6	8.6
18歳以上 (N=149)	36.9	24.2	11.4	27.5

図3-1　ライフ・ステージと夫婦のコミュニケーション・タイプ（ニッセイ基礎研究所, 1994, p.168）

の傾向は顕著です（婦人少年協会，1989）。これは夫婦共働きできる環境が不十分（低年齢時の保育先の不足，病児保育が普及していないこと，保育時間が短いこと，高額な保育料など）なために，家族福祉に頼らざるをえない現状とも関係しています。保育が社会化されていないうちは，自分たちや親の居住地の遠近，親が保育をしてくれるかどうかなどが，共働きの成功のかぎを握っています。

　さらに，夫婦のお互いが生まれ育った家族の構成からの影響も大きくなってしまいます。一人っ子同士の夫婦が，親を介護する必要が生じた場合，「家族福祉をする」べき親が4人いることになりますが，兄弟姉妹が多いと，分業できます。

そういった将来の家族福祉を見通して，子どもをつくるなら自分の世話をしてくれそうだから女の子がいい，などと親が勝手なことを希望することになります。家父長的に長男ばかり大切に過保護にされたり，頼りになるのは女の子だとばかりに，母娘がいつまでも姉妹のように密着していては，子どもたちは精神的に自立する機会に恵まれなくなります。

3. 社会とのつながりを弱める家族福祉

ところで，家族が福祉共同体になり，家族の中のできごとを「これも運命」として受け入れ，人生にあきらめの気持ちをもつようになると，他者とも広く関係を保ち続けたり，他の家族との相互協力をめざす態度が弱められてしまうようです。家族での助け合いが当然の義務になり，家族単位で役割を介して結束が強くなりすぎると，おそらく，「自分は行政サービスを享受しているのだから，かわりにきちんと税金を納めよう」といった考えが浮かばず，他人のために奉仕しよう（ボランティアなど）といった心の余裕が失せがちになるからでしょう。自分たちで何でもやっている（つもりも含めて），やらねば家族の他には誰も助けてくれない，まして他の家族のことまで面倒みきれない，と考えてしまうのでしょう。つまり，家族の人間関係に義務感が強すぎると，家族以外の人間関係に関心が向かず，相互援助にも消極的になると予想できます。

上で述べた，それぞれの家族がどう機能しているか（役割や義務で縛られることがなく融通がきいているか，適度な心理的距離が保たれているか，など）と他者との信頼関係との関連性については，兵庫県三田市の市民意識調査[1]のデータが1つの示唆を与えてくれます。この調査は，立木茂雄[2]が調査の実施主体となり，筆者および田村圭子[3]も関わりました。その調査項目の中で，他者との信頼関係は，「社会的信頼」と，「市民性」の尺度によって測定しました

表3-1 「市民性」の測定項目

〈自律項目〉
①しあわせなことが立て続けに起こると，この幸福に酔ってはいけないと心を引き締める
②たとえ欲しいものがあっても，他人からひんしゅくを買うような行いはつつしむ方だ
③街を歩いていて不快な目にあったら，イライラせずに気持を抑えようとする方だ
④自分の欲求をかなえるときも，バランス関係が大切だ
⑤身のまわりのことには，ある程度気をつかう方だ

〈連帯項目〉
①地域のみんなが困っていることがある時，みんなで考えることで解決の糸口が見えると思う
②講演会や地域の集まりに参加したとき，話し手に耳を傾けるのが礼儀だと思う
③わたしは用事があれば，近所の人にも，自分からきっかけを作って話しかける方だ
④わたしは，いつ親に見られても誇れる自分がある
⑤自分の行いの結果，何かまずいことが起こったら，その責任は自分で負う方だ

(回答方法は，以下の項目にあてはまると思ったものにいくつでも○をする，多肢選択方法。コレスポンデンス分析によって各項目の関連性を調べ，その関連性によって各項目の重み付けを行い，自律度，連帯度の合計点を出し，これを市民性得点とした。)

(表3-1の自律，連帯項目を参照)。「社会的信頼」とは，自分が知らない相手に対しても，人間は基本的には信頼できるものだと考えることです。また，「市民性」とは，自らの行動を自分の手で律しようとする「自律意識」と，自分の利益の世界に閉じこもることなく他者との協調や協働を通じて地域の問題を解決しようとする「連帯意識」からなるものです。また，家族機能の良好さは，「きずな」と「かじとり」の側面から調べました。これらは，オルソンら (Olson *et al.*, 1979) が，家族研究・家族療法に関する文献研究をした結果，家族機能を決定する上で中心的な次元であると主張したものです。「きずな」は，「家族の成員が互いに対して持つ情緒的結合」と定義されています。家族は，感情的に同一化させすぎても，逆に遠ざか

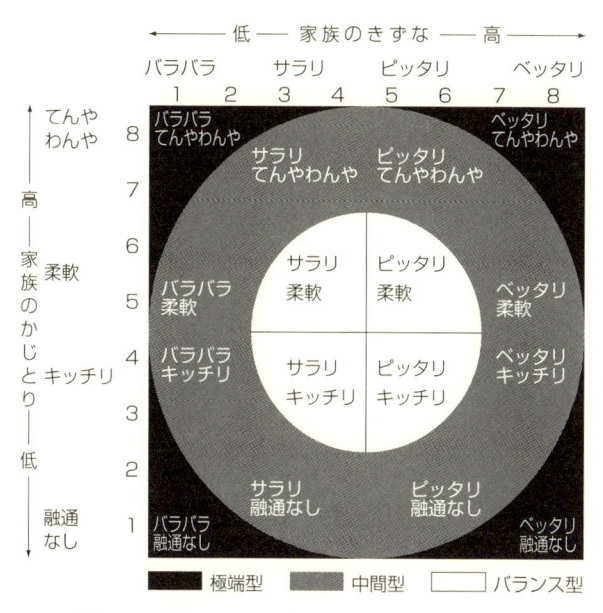

図3-2 家族システムの類型（立木，1999より転記）

りすぎてもうまく機能しません。中庸が最適です。一方，「かじとり」は，「状況的・発達的ストレスに応じて家族（夫婦）システムの権力構造や役割関係，関係規範を変化させる能力」と定義されています。家族は，自己主張と支配，話合いや処理のスタイル，役割関係，関係規範において，変化をさせすぎても融通がなさすぎてもいけません。やはりこちらも，中庸が最適なのです。この2つの次元を組み合わせたのが，円環モデル（図3-2）です。この調査では，「きずな」と「かじとり」は，家族システム評価尺度FACESKG Ⅳ-8を用いて測定しました（表3-2のきずな，かじとり項目を参照。調査に用いた全項目は，http://www-soc.kwansei.ac.jp/tatsuki/Faceskg/FACESKGIV8.htm）。この尺度は，「きずな」に関する4項目と，「かじとり」に関する4項目から成ります。通常の社会生活で

家族単位の福祉 ——— 85

表3-2 家族のきずなとかじとり測定項目

> 〈きずな項目〉
> ①家族のそれぞれに対して
> ②一緒にすごしたり，話しあったりすることについて
> ③家族のそれぞれとの距離について
> ④一緒に集まることについて
>
> 〈かじとり項目〉
> ①家族での話し合いについて
> ②ものごとの決め方について
> ③家族で決めたことについて
> ④それぞれの役割について

(8項目のそれぞれに4つの選択肢があり，その中から一番ぴったりあてはまる文章を1つだけ選ぶ．サーストン法尺度)

は「きずな」は，「バラバラ」でも「ベッタリ」でもだめで，「サラリ」あるいは「ピッタリ」程度がよく，「かじとり」は，「融通なし」でも「てんやわんや」でもだめで，「柔軟」あるいは「きっちり」程度がよいことが実証されています（立木，1999；立木（印刷中）を参照のこと）。

分析の結果，「社会的信頼」については，「きずな」も「かじとり」も中庸な場合に，社会的信頼度が高いことがわかりました。図3-3と図3-4にその結果の一部を紹介します。また，「市民性」についても，それらが中庸であるとき，市民性が高いことがわかりました。図3-5と図3-6にその結果の一部を紹介します。

家族の中で良好な人間関係を結ぶことは，社会の中でも役立つといえそうです。つまり，家族が役割義務だけで結ばれているような，良好とは言えない関係ですと，社会に出ても他人とうまく関係を結んでいけないおそれがあるのです。

きずな	社会的信頼得点平均値	問
バラバラ	23.82	家族の間で，用事以外の関係は全くない
サラリ	26.96	わが家は，皆つかず離れずの関係である
ピッタリ	27.81	休日は家族で過ごすこともあるし，友人と遊びに行くこともある
ベッタリ	27.35	私の生活の中では家族と過ごす時間が非常に多い

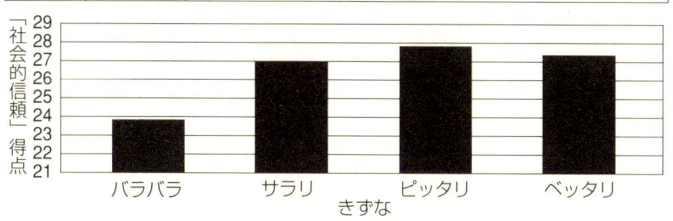

図3-3 きずな（家族のそれぞれとの距離について）の　カテゴリー別「社会的信頼」得点

かじとり	社会的信頼得点平均値	問
融通なし	26.32	わが家はみんな自分にきめられている役割しかしない
きっちり	27.41	家の決まりは皆が守るようにしている
柔軟	27.97	仕事や旅行に出てしばらく留守にすると，私の役割は誰かが代わりにしてくれる
てんやわんや	25.27	わが家はみんなで約束したことでもそれを実行することはほとんどない

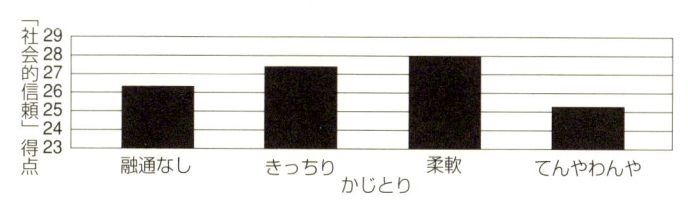

図3-4 かじとり（家族で決めたことについて）の　カテゴリー別「社会的信頼」得点

きずな	市民性得点平均値	問
バラバラ	−0.67	家族のものは必要最低限のことは話すが、それ以上はあまり会話がない
サラリ	0.03	たいがい各自好きなように過ごしているが、たまには家族一緒に過ごすこともある
ピッタリ	0.23	大事なことは家族みんなでよく話し合う方だ
ベッタリ	−0.21	家族はお互いの体によくふれあう

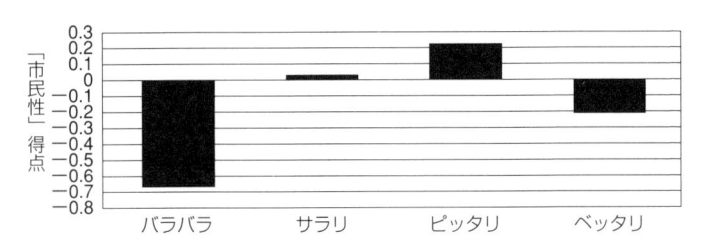

図3-5 きずな(一緒にすごしたり,話しあったりすることについて)の
カテゴリー別「市民性」得点

かじとり	市民性得点平均値	問
融通なし	−1.39	困ったことが起こった時、いつも勝手に判断を下す人がいる
きっちり	0.05	わが家では、特定の誰かが命令的に言うことも多いが、話し合うこともできる
柔軟	0.18	問題が起こると家族みんなで話し合い、決まったことはみんなの同意を得たことである
てんやわんや	−0.40	わが家では何か問題があってもとことん追いつめられないと、問題の解決方法さえ話し合われない

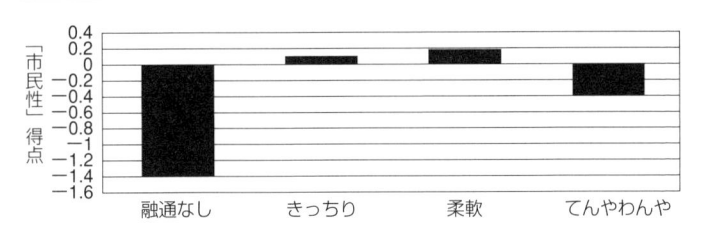

図3-6 かじとり(家族での話し合いについて)の
カテゴリー別「市民性」得点

4. 家族内の援助を援助する

　家族が福祉共同体になると具合の悪い点ばかりを指摘してきましたが，家族の間柄ならではの福祉のやり方があることも忘れてはいけないでしょう。第2章でみられた相互援助についても，家族に義務をおしつけるのではなく，「かゆいところに手が届く」という利点を，どのようにそのままの形で公的サービスの中にそれをとりこむのがよいのか，考えるべきでしょう。例えば，家族間の援助を公的に援助できるようなしくみも，そのひとつの方法であると考えますが，これについてはオランダ社会がよい参考になると思われます。1990年代以降，オランダでは，様々な立場の異なる意見を統合して「合意形成」するためのシステム（オランダ・モデル）が，社会の内部にはりめぐらされました。その結果，オランダ経済は，高い経済成長率，失業率の低下，労使関係の安定，ワークシェアリングを実現することができました。中でも，政府，企業（産業界），労働組合の三者によって，「賃上げなき雇用確保」の合意形成がなされ，それを実現する過程で，社会保障改革や雇用改革も進行しました。この改革モデルは，「干拓の国」オランダにちなんで，「ポルダー・モデル」とよばれています（長坂，2000）。この，ポルダー・モデルのオランダで「賃上げなき雇用確保」実現のために導入されたのが，1996年の労働時間差差別を禁止する法律でした。具体的には，パートも正社員も賃金を基本的に勤務時間に正比例させ，休暇，昇進，社会保障の面でも，両者を均等の待遇にしました。これらの措置により，フルタイムかパートタイムかの二者択一にせまられることなく，人々は比較的自由に自分の働き方を選択できるようになったのです。具体的には，妻がフルタイムで夫がパートであったり，夫も妻もパートタイムというタイプも出てきました。また，週の勤務時間が35時間以内の人が全体の約4割になり，男性のパート比率も17％と高くなってきました（読売新聞，2000a）。こうして，オラン

ダでは，政・労・使の三者間の合意のもとで，家族メンバー自身が家事・育児などで援助し合い，仕事と家庭生活の両者が可能な働き方を男女双方に提供することが可能となっています。

ところで，公的支援を受けながら家族員での援助行動を推し進めるといっても，家族メンバーがそれに心理的抵抗を感じないでいられるかどうかの問題があります。夫は妻より収入が高いことが当然だと思いこんでいると，フルタイムの妻とパートの夫という夫婦にはなれません。妻が仕事に出るために夫がパートタイムで年収が減額になったとしたら，それを苦痛に思う夫や妻は少なくないでしょう。また，夫に家事をさせることで罪悪感をもってしまう妻だとすれば，いつまでも伝統的なフルタイムの夫と専業主婦の妻にならざるをえません。家族の助け合いをすすめるためには，こうしたこれまでの役割意識から自由になる必要があります。

ところが，前述の三田市の調査では，男女がこれまでの伝統的な性別分業を変えようと思っていると同時に，男女ともに自分の役割に対するしがらみからなかなか離れられないことが明らかになっています。まず，男女ともに，伝統的な性別分業を変えたい気持ちはあるようです。つまり，「男は仕事，女は家庭」という意見に同感しない傾向の市民は，56.5％にもなり，同感する傾向の42.6％を大きく上回っていたのです（図3-7参照）。さらに，望ましい女性の生き方を尋ねてみたところ，女性は34.7％もの人が，「女性は結婚や出産にかかわらず職業を持ち続ける方がよい」と考えていることがわかりました（図3-8参照）。特に20代の女性は，その意見の人の割合は57.1％にも達していました。男性の場合でも，5年前の同市の意識調査と比べると，女性の職業継続を望ましいと考える割合は，14.3％から21.7％に増加してきました。このように，若い女性を中心に，夫婦の役割は柔軟でありたいという希望が高まっていることがわかります。しかしその反面，男女にかかわらず，結婚相手の期

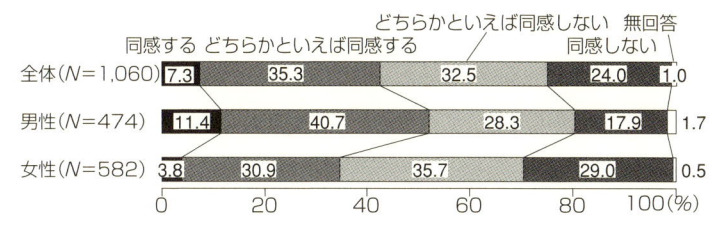

	同感する	どちらかといえば同感する	どちらかといえば同感しない	同感しない	無回答
全体(N=1,060)	7.3	35.3	32.5	24.0	1.0
男性(N=474)	11.4	40.7	28.3	17.9	1.7
女性(N=582)	3.8	30.9	35.7	29.0	0.5

図3-7 「男は仕事，女は家庭」という考え方に賛成か（三田市，2000）

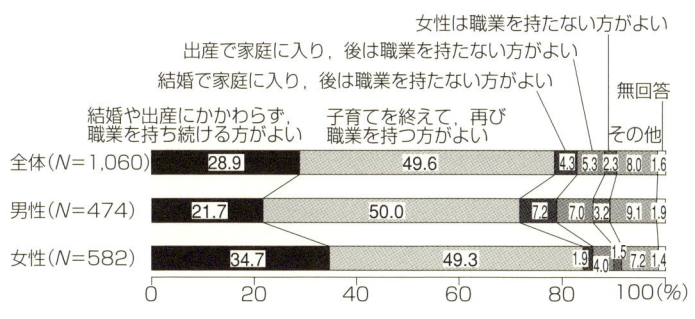

	結婚や出産にかかわらず、職業を持ち続ける方がよい	子育てを終えて、再び職業を持つ方がよい	結婚で家庭に入り、後は職業を持たない方がよい	出産で家庭に入り、後は職業を持たない方がよい	女性は職業を持たない方がよい	その他	無回答
全体(N=1,060)	28.9	49.6	4.3	5.3	2.3	8.0	1.6
男性(N=474)	21.7	50.0	7.2	7.0	3.2	9.1	1.9
女性(N=582)	34.7	49.3	1.9	4.0	1.5	7.2	1.4

図3-8 女性が職業をもつことについての意見（三田市，2000）

待以上に自分自身の役割を全うしようと気負い，役割を固定する傾向があったのです。

これをさらに詳しく説明します。三田市の調査では，「性差観スケール」（伊藤，1997）の8項目を抜粋し，これにより，個人の固定的性役割観を測定しました（表3-3参照）。「性差観スケール」の8項目は，生まれつき男女間には非常に大きな違いがあると考え，そのために，日常生活における適性や社会的に望まれる役割行動は男女によって決定的に異なると考える傾向を測定するものです。その8項目の内訳は，①から③までが，緊急事態や危機に直面した時の男性の力をどのくらい大きく見積もるかを測定する項目です。④から⑧までが，女性は家族の世話をしたり母親として生きるのが最も適していると考える傾向がつよいかどうかを測定する項目です。これ

表3-3 性差観スケール（伊藤，1997より抜粋）

(①から③が，男性についての思いこみ項目。④から⑧が，女性について思いこみ項目)

> ①人から危害を加えられそうになったとき，身を守るには，やはり男でないとだめだと思う。
> ②大地震や火事など緊急事態のとき，その場を取り仕切るのは，やはり男でないとだめだと思う。
> ③重いものを選んでもらうとき，やはり男でないとだめだと思う。
> ④自分が病気や介護を必要とするとき，やはり女性に面倒をみてもらいたいと思う。
> ⑤健康や生活に関わることがらに敏感なのは，女性だと思う。
> ⑥子どもが病気などで苦しんでいるとき，それをわがこととして感じ取れるのは，やはり母親だと思う。
> ⑦生活者優先の政治を本当に推し進められるのは，やはり女性議員だと思う。
> ⑧子どものちょっとした変化に気づくのは，やはり母親だと思う。

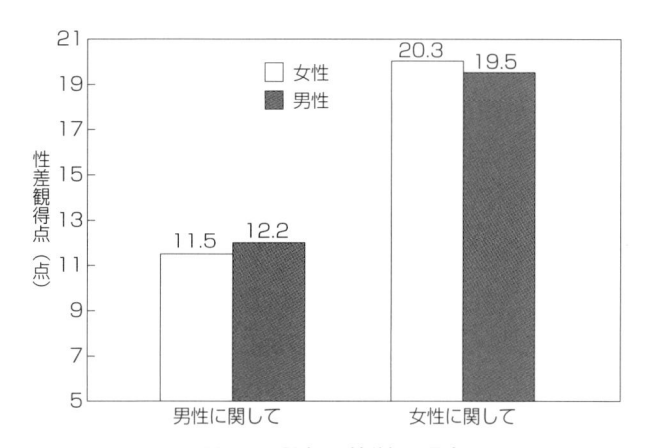

図3-9 男女別 性差観の得点

らの項目群の合計得点を男女で比較したところ，図3-9のような結果となりました。すなわち，「○○するのはやはり男性でないとだめだと思う」などといった枠をはめたがるのは，女性よりも男性自身に顕著にみられる傾向であり，「○○できるのは，やはり母親だと思う」などといった枠をはめたがるのは，男性よりも女性自身に顕著

にみられる傾向だったのです。男性も女性も,「自分がすべき仕事」とか「他の人には任せられない自分の役割」などというような自分自身で作った束縛からもっと自由にならないと,たとえオランダ・モデルのような福祉政策を始めたとしても,柔軟な家族間の援助は不可能でしょう。

家族の福祉とジェンダー

1. 家族福祉をジェンダーの視点からみる

ジェンダーとは,社会的に男女に異なる役割が割り当てられるしくみや,そこから生じた男女の違いのことをさします。最もよく知られたジェンダーには,「男は仕事,女は家庭」という性別分業があります。これは家庭においても,また職場にも浸透しています。そして家族福祉も,この性別分業を前提に作られてきたといえます。例えば配偶者控除は,子どもはもちろん夫婦いずれか(大部分の家庭は妻ですが)が無収入な場合が多いので,無収入の家族を養っている人の税金を軽くすることで援助しよう,という考え方により設けられたものです。

しかし最近になって,福祉制度はジェンダーに準じて作られすぎていたのではないか,それによって少子化が進んだのではないか,またこのままでは高齢化社会を乗り越えられないのではないか,という反省と将来への不安が社会に広がってきました。例えば少子化に関していえば,女性が子どもを産まなくなったのは,「女は家庭」というジェンダーが当然のように想定されたのも一因であると考えらえているようです。女性の就労意欲や経済的な必要が高まってきたにもかかわらず,働く女性を援助する福祉政策が欠落していたために,女性は子どもを産むのをあきらめたのではないかという反省があり,効果のほどはいざ知らず,育児手当や保育所の整備,育児休業制度の導入などが進められてきました。高齢化に関しては,家

庭には家事をする妻がいるのだから，高齢者の介護は当然，妻（長男の嫁の場合が多い）がやってくれるものだ，というジェンダーに基づいた期待が危ういものになってきました。平均寿命が延びて介護が必要な期間も長くなり，介護する家族まで高齢者になってきたことや，職場の都合で，日常的に介護ができる距離に住む子ども夫婦が少なくなってきたこと，介護する世代の兄弟数が少なく分担が困難なことなどが問題になり，前章でみたような家族福祉は限界に近づきつつあると判断されるようになったのです。

そこで，そうした福祉と関わるジェンダーが問題視されるようになってきたことも追い風になり，これまでの男女の固定した性別分業社会に代わって，男女がともに，自由に社会とも積極的に関わっていけるような社会がめざされることになってきました。このような社会は，男女共生社会，あるいは行政用語でいえば，「男女共同参画社会」ということになります。そのような社会では，どのようにして柔軟な男女の役割分担が進めばよいのでしょうか。また個人を幸せにするためには，福祉はどうあるべきでしょうか。以下では，こうした社会的な意味での男女の性（ジェンダー）の視点にたち，家族福祉の課題について考えます。

2. 女性は「社会的弱者」

さて，先ほど，男女共同参画社会のことにふれましたが，それに関して行われている国や地方公共団体が行う意識調査では，個人の性役割態度がさまざまな質問項目によって尋ねられます。特に，図3-5の「男は仕事，女は家庭」という考え方に賛成するか反対するかは，たいてい質問項目に含まれています。多くの調査結果に共通する傾向は，この考え方には反対意見の割合が，年々徐々に増えていることです。特に性別では男性より女性の方が，年齢では高齢者よりも若い年齢層で，反対する割合が高くなっています。このよう

に，個人の態度においては，男女共同参画社会の実現に向かっているのかもしれません。

ところが現実の社会は，この態度とはかけ離れています。「男は仕事，女は家庭」に反対する人が増えてきたからといっても，実際は，フルタイムで夫婦共働きしていたり，夫婦が仕事と家庭の役割分担を自由に変えられるような生活をしているのは極めてまれです。「男は仕事，女は家庭」がすっかり消えてしまっては，男性も女性も困るような「性別分業社会」になっているのが現状なのです。男性は女性が家事・育児を分担しなくなると，今まで通りの仕事第一の生活ができなくなり，困ります。女性も男性と同様，誰も家計を支えてくれる人がいなくなり，これまた困るのです。

さらに，雇用や社会制度におけるジェンダーにより，女性は男性よりも不利な立場に立たされることになります。それは，家事労働や育児，介護などの仕事は，各夫婦が「私的に」「互いの好みで」やっていける，価値が低いもので，賃金労働は価値が高いもの，という通り相場があるからです。市場経済社会である限り，「金が物を言う」のです。そして，どちらが直接，価値の高い賃金を得てくるか，が夫婦の勢力関係を決定するのです。例えば，夫の暴力，浮気，「だれが養っていると思っているのか！」という夫婦喧嘩のときの常套句……。「男は仕事，女は家庭」の役割分業が破綻，つまり離婚に至ると，離別母子家庭の平均年収は，1992年の厚生省の調査によると，わずかに202万円で，一般世帯の31％ほどです（大塩，2000）。離婚に至らなくても，女性の方が離婚すれば困窮するということが分かっているため，結婚生活をしている間も，女性は不利な立場に立たされています。結婚生活を円滑に送る責任を，女性は男性より多く担わされていると考えられます。このように，女性は家庭内での「社会的弱者」なわけです。

3. 女性という弱者救済の問題点

そこで登場するのが,「女性は社会的弱者なので,そこを福祉制度によって救済しよう」,という考え方です。そして,女性への救済は,皮肉にも,女性を弱者に追いやっている家庭の中で行われており,日本は諸外国に比べても手厚い救済をしているといわれています。例えば,現在の日本の民法では,浮気など,落ち度のあった相手が離婚を求めてきても自分が拒否すれば離婚は成立しません。相手に浮気された上に,相手に期待していた生活手段まで奪われてしまうと「泣きっ面に蜂」だからです。収入ゼロの専業主婦の場合,国民基礎年金の保険料を全く負担しないのは日本も欧米諸国と同じですが,保険料を納めた人たちと同額の基礎年金を受け取れるのは日本だけです。例えば,アメリカでは夫の年金額の5割,イギリスは6割,ドイツに至っては専業主婦には基礎年金は全く支給されません(読売新聞,2000b)。また日本では,被保険者の配偶者が死亡すれば残された遺族には遺族年金が入ります。亡くなった本人の厚生年金の何割かも遺族に支払われます。2000年から開始された介護保険制度の保険料も,ある年齢までの専業主婦は免除されています。他にも様々な「内助の功」の専業主婦への優遇制度があります。昔から,結婚すれば女は一生安泰,「三食昼寝つき」などと揶揄されてきたのです。

しかし,社会的弱者である女性を結婚によって家庭に逃げ込ませてしまい,そこで弱者救済を受けさせる福祉のやり方は,女性を幸福にはしないように思えます。その第1の理由は,女性は「人に助けてもらっている」,「私は世間のお荷物だと思われている」などという自己悲観的な気持にさせられ,自尊心が引き下げられるからです。公共施設や職場などには,育児のための設備や制度が整えられつつあり,それ自体は望ましいことなのですが,それらが「世話のやける女性のため」のものとされている間は,同様の問題がつきま

といます。特に雇用の場においては，企業は利益を出すことが至上命令としてあるので，女性はお荷物だ，という意識はさらに強ります。育児休業制度が男女平等に設けられてもそれを使うのが女性だけに偏ると，その制度は実質的には女性のための弱者救済措置になってしまいます。女性が弱者とみなされる状態そのものをなくすのが根本的な弱者解決だと思います。

第2の理由としては，女性が自分の人生を歩めない，という気持ちを抱いてしまうことがあります。家族に生活を保障されなければならない女性たちが幸福感をもてないことが少なくないという現実は，「妻たちの思秋期」や「主婦症候群」などの書物でも指摘されています。家族の喜びが私の喜びになり，夫の出世が妻の出世になり，子どもの高学歴が母親の頭のよさの証となる……。これでは女性は心から幸福になれないのです。

こうした福祉のやり方は，男性にとっても納得できるものではありません。女性の社会的弱者という立場を改変するために，雇用における慣習的な女性差別を是正するための暫定的措置（アファーマティブ・アクション）なども実施されていますが，一部の男性にとっては「逆差別」になっていることが十分考えられます。女性に損させるような雇用の決定方法はいけませんが，女性に損させないために男性に損させるやり方に対しても，納得するわけにはいきません。

4. 性別分業社会では弱者はなくならない

では，性別分業社会の現状のままで，被扶養者である主婦を「社会的弱者」にしないことは可能でしょうか。例えば，結婚後の収入や資産を，全部夫婦で二分して，年金や医療保険も夫と妻は独立して受給権をもつというやり方が提案されています（塩田，2000）。市場経済に従う限り，家事や育児など，性別分業社会で女性が分担し

表3-4 就業形態別・配偶者関係別一人当たり無償労働評価額（1996年）（OC法による）（経済企画庁経済研究所国民経済計算部, 1998, p.9より大竹（2000）が抜粋）

	女性	男性
平均	179.8	34.9
有業有配偶	199.3	36.6
無業有配偶	303.9	68.4
無配偶	76.5	23.9

(万円)

注）OC法（機会費用法）とは，無償労働に費やした時間をもし外で働いたと仮定すればいくら稼げたか，逆にいえば外で稼げたはずの金額を無償労働のために失ったとする考えで，誰が無償労働をやるかによって賃金単価は相違し，全産業別の性別，年代別の平均賃金をあてはめて算出する方法（大竹, 2000）。

ている仕事に対する賃金はないのですから，夫の給料の半分は，実際にも妻のものとみなすのです。そして，妻も給与所得がある身分として社会で扱われることになるので，社会的弱者でなくなるというわけです。多くの日本企業で取り入れられている「家族賃金」制度は，男性社員の給与には妻の働きが含まれていますよ，ということを意味していますので，「夫のものは夫婦のもの」の考え方が少し採用されています。しかし，実のところ家族賃金の目的は，女性が経済的自立を果たすことなどではなく，反対に，むしろ専業主婦（あるいはパート主婦）として社員の夫に尽くしてほしいためのものなのです。

さて，この解決策の難点は，離婚や死別，独身など，夫婦関係の枠外にいる人との整合性がとれないことです。夫婦の二分法でいきますと，結婚した男性社員は，給料を妻と二分するわけですから，単身時代に比べ「自分だけが受け取る」年収はほぼ半額になります（ただしこうした考えが浮かぶのは，離婚したり，独身の社員と自分を比較したりする機会があった時だけですが）。同じ仕事内容でも，妻がいるかいないかによって，その人自身が受け取ったと感じられ

る給料が倍違うというのは，仕事への動機づけに影響するでしょう。女性は稼ぎ手の夫がいなくなると，所得がゼロになってしまうのも問題です。

妻に給与の半額を実際に与える方法ほど極端でなくても，妻の家事・育児などの労働力をお金に換算して感謝の気持ちを表す，という心理的な解決策もあります。家事・育児などの労働力の扱い方を曖昧にしておくから，女性にとってはいくら家で一生懸命働いても，養われているという気持ちが拭えないというのは一理あると思います。しかし，そうして算出される主婦たちの労働賃金は，たいていの夫の給与所得よりもずいぶん低い値になっています（表3-4の女性の無業有配偶の欄を参照のこと）。

したがって，これでは弱者の立場から抜け出す方法としては有効とはいえません。

5. 女性が経済的に自立できる社会へ

従来の福祉は，性別分業社会から男女共同参画社会に変わることを考えてきませんでしたが，性別分業社会のひずみが少子高齢化で顕在化してきた今，男女共同参画社会の中での福祉政策を，本格的に考える時期に来ています。性別分業を解消していくもっともまっとうなやり方は，女性が経済的に自立することでしょう。女性も働きやすい職場環境作りが必要です。男性同様の長時間労働や終身雇用が前提とされる企業社会のあり方は，一生，結婚・妊娠・出産をするつもりのない女性も含め，全ての女性を弱者にする大きな原因といえます。ただし，企業は効率第一の集団であるため，質が同じ労働力であれば，妊娠・出産を絶対に経験しない男性の方が働かせやすいに決まっています。この問題に対して，アメリカでは，妊娠・出産は，女性だけの特別なものと考えるのではなく，誰にでもふりかかる病気の一つと考えられているようです。ただしこれでは，

女性は男性より「病弱な労働者」になってしまい、女性が納得できる解決策ではないような気がします。あるいは、将来の日本社会を担う世代の育成という大義名分をかかげても、個々の女性たちの職場での環境は変わらないであろうと想像できます。

そこで考えたいのは、フルタイム労働者の労働時間をずっと減らすことです。有給休暇の日数を豊富にとるという方法でもいいし、前述のポルダー・モデルのようにして、労働者1人分の労働時間を削減できるようにすればよいと考えられます。1人当たりの労働時間や給料が減る分は、もっとフルタイムの共働き夫婦を増やすことで解決させるのです。

女性は、結婚後は夫に「養われ」て、社会人として半人前な意識をもたざるを得ない部分があったと思います。しかし一人前の大人として、賃金を稼いで経済的に自立し、所得税や住民税を払い、その代わり福祉サービスも受ける。これでこそ、女性が自尊心を失わず、社会とも直結している、男女共同参画社会が実現すると思います。

また、筆者は、社会の中に存在する、さまざまな年齢制限枠をはずすことも有効なのではないかと思います。そのひとつとして、出産育児の期間は、「職場年齢」に換算せず、その分定年も延びるというのはどうでしょう。例えば、子ども1人につき、夫婦で合計して2年間は法的育児期間とします。そうすると、例えば2人の子どもを作って、夫婦で子ども1人につき1年ずつ法的育児期間をとると、夫も妻も2年ずつ、定年がのびるというわけです。大学や大学院で社会人入学が一般化してきたことも、年齢制限枠廃止のひとつの形になっているでしょう。清家（2000）も、「定年は天から降ってきた自然現象ではない」と述べ、職業人生の決定権を個人がもつようにすることを目指すべきだと主張しています。

6. パート労働が経済的自立を阻む

現状の福祉政策は、男女共同参画社会をめざすのか、性別分業社会のままでいるのかを決定できないでいる状態ですが、実はこのような意志未決定状態は、個人の中でも生じています。それは、例えばパート労働についての考え方、関わり方に顕著に現れています。

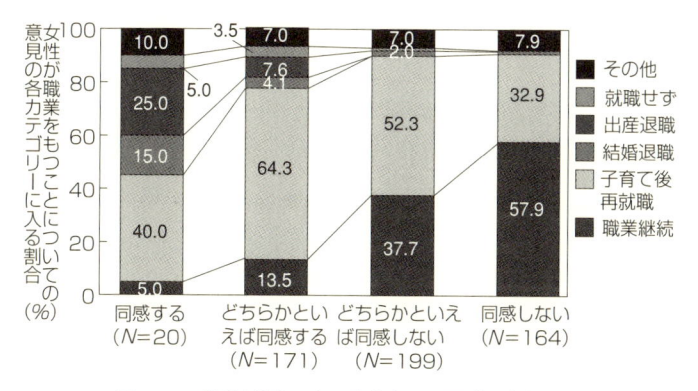

図3-10 「男は仕事, 女は家庭」への同感の度合別, 女性が職業をもつことについての意見

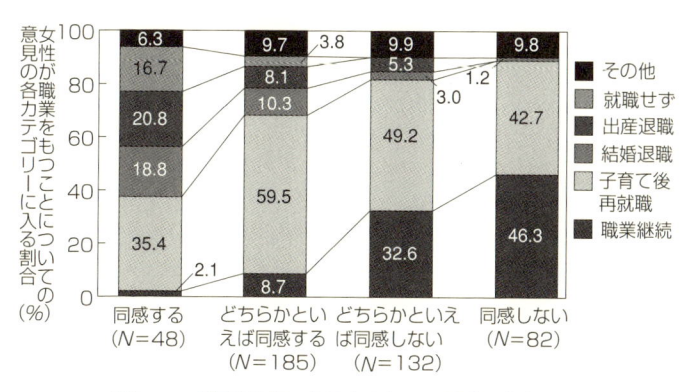

図3-11 「男は仕事, 女は家庭」への同感の度合別, 女性が職業をもつことについての意見 (男性)

家族の福祉とジェンダー ── 101

パート労働は,「女性の社会進出」の一端を担っているものとみなされることが多いのですが, 雇用者からは雇用の調整弁としてみなされ, パートをしている本人も, 一人前の労働者としての自覚がもてないでいるのが実態です。実際, 1995年の労働省の「パートタイム労働者総合実態調査報告」によれば,「あなたは年収に所得税がかからないようにすること以外の理由で, 年収が一定額を超えないように調整しますか」の問いに, パートタイム労働者のうちの40％近くが「調整する」と回答しており, 被扶養であることのメリットに固執しています (経済企画庁, 1997)。

　また, 前述の三田市の市民意識調査をみても,「男は仕事, 女は家庭」に同感しない傾向の女性は, 64.7％にも達し, 男性でも同感しない傾向の割合は, 46.2％になっていますが,「女性は結婚や出産にかかわらず, 職業を持ち続ける方がよい」と答えたのは, 女性では34.7％, 男性では21.7％しかいません。最も支持されている女性の生き方は,「子育てを終えて, 再び職業を持つ方がよい」とするパート労働を念頭にしたものであり, それが女性では49.3％, 男性では50.0％を占めています。夫婦の性別分業を緩和するには, 女性も経済的に自立をめざすことがセットで必要なのですが, そのような理解には達していません。性別分業と, 女性の経済的自立に対する態度に矛盾が生じていることは, 図3-10と図3-11でみられる,「男は仕事, 女は家庭」への同感の度合と女性が職業をもつことについての意見との不整合によって明らかにされています。さらに, 図3-12と図3-13は,「男は仕事, 女は家庭」への賛成, 反対派別に, パートタイム就労に対する態度 (男女別) をみた結果です。性別分業社会を否定しながらも, 女性は被扶養者のメリットを手放すことなく, パートでいた方が得だという態度の人が, いかに多いかが分かります。

　このように, 現実の生活場面に密着した問題に関する態度を尋ね

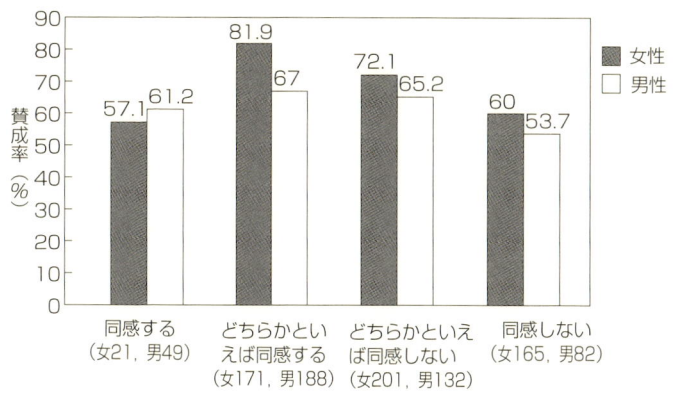

図3-12 「男は仕事，女は家庭」への賛成・反対派別，「パートタイマーは家事に支障のない範囲ではたらける」に賛成した割合

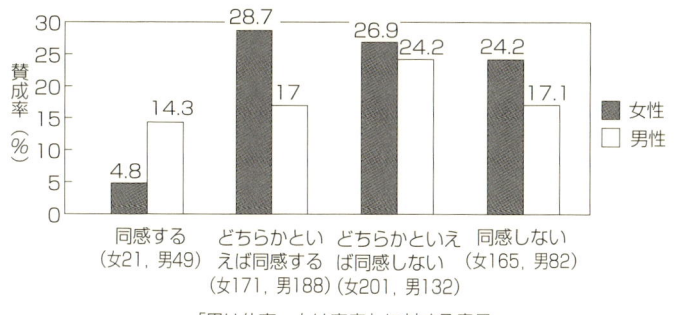

図3-13 「男は仕事，女は家庭」への賛成・反対派別，「パートタイマーは配偶者の被扶養家族でいられる」に賛成した割合

てみると，男女が不平等になっているといっても，それはよくいわれているように，男性の意識が女性に比べて低い，といった男女の態度の対立だけが原因ではないことがわかります。結婚すれば夫婦ワンセットで生活することも，男女不平等につながっていきます。

家族の福祉とジェンダー

そして，悪いことに，たとえ男女の性別分業に否定的態度をもっていたとしても，実際の夫婦生活で，妻が家事・育児の片手間にパートに出てしまうと，男女の性別分業社会を強化することになってしまうのです。また，パート労働は家事や育児とも無理なく両立できて，適応的な社会生活が送れそうなイメージがありますが，それが見当違いであることが，次節で紹介する，働く母親の多重役割についての研究から指摘されています。

家族の中で幸せになるための条件

1. 多重な役割従事と，それを支えるジェンダー・フリー意識

家族の中で個人が幸福を感じるためには，家族の性別分業を前提としない社会福祉制度や労働条件に改善されていく必要がありますが，それと同時に，個人の側にもそれなりの準備が必要です。

まず，従来とは異なり，性別による役割分担がなくなり，男女がお互いの役割に乗り入れるようになるわけですから，個人が担う役割が多重になってきます。多重な役割従事をこなし生活満足感を得たり疲労感を増やさないでいられるかどうかは，役割達成感（土肥ら，1990）や役割への関与度（太田，1999）などが決め手となります。

わが国で行われてきた，個人の多重な役割従事に関する心理的研究は，働きながら家事や育児もする女性を対象にしたものが大半をしめています。男性は就労時間が長いことなどにより，家庭役割を担うことがあまりないからです。そこで，外国での研究を参考にしますと，共働きの夫は，多重役割を担うことに対して，心から納得できていないようです。男女ともに共働きをして仕事と家庭のバランスをとるのは，互酬性（reciprocity）や衡平性（equity）の理論に基づいて考えれば，両者ともに利点がある（妻も直接収入が得られ，夫も家に関与できる）はずです（Bernard, 1981）。しかし実際

にはそうはなってきません（Crowley, 1998）。長時間労働で共働きが難しくなっているのに加え，夫の「稼ぎ主」としての自己満足への固執が邪魔をするようです（Staines *et al.*, 1986）。ケスラーとマックラエ（Kessler & McRae, 1982）によれば，共働きの男性は，抑うつ的で自尊心が低くなっています。ただし，それは育児などをやらなくてはいけなくなり，心理的に負荷が高くなるのが原因ではありません。女性が働くことへの態度や，性別分業への態度がどうあるかが，共働きの夫の幸不幸を決定しているのです。また，相対的な収入がいくらであるかによって決定される報酬勢力が，結婚生活の適応を決定づけるという研究もあります（Hardesty & Betz, 1980）。男性が，「男は仕事，稼いでこそ男」といったジェンダー・ステレオタイプをもち続けていては家庭生活との両立，多重な役割従事は成功しません。男性が，「男は仕事」というジェンダー意識から解放されることが求められます。

　働く母親への社会的援助も重要ですし，雇用制度のあり方も重要です。しかし夫という身近な相手の態度が変わらなければ，福祉サービスの効果も半減してしまうでしょう。もちろん，家事能力と労働時間の短縮も必要です。男性が家庭役割を担うまでには一筋縄ではいかないでしょうが，男性が本格的に多重役割に従事するのと並行して女性もパートの枠を越えて働き出せば，労働時間は今よりずっと短縮して多重な役割従事もしやすくなるはずです。また，今後，経済の低成長時代にあっても，収入が絶たれることへのリスクが減るメリットもあります。裏返せば，専業主婦の妻をもつ夫は，首切りリスクでイライラしなければならなくなるのです（Stanley *et al.*, 1986）。

　役割は本来，自尊心を高め，アイデンティティを確立するものです。また，人間のエネルギーは，多くの役割を担う必要に迫られれば増えていくとも考えられています。特に高齢者を対象にした研究

結果では,「活動理論」が支持される場合が多いのですが(古谷野, 1983),これはモラール(仕事や生活へのやる気)を高く維持し,活動的な毎日を過ごすことが高齢者を幸福にするというものです。また,職場でも家庭でも,男女ともに参画していた方が,より多様な個性と接することができ,融通がきく社会になります。

だからこそ,男性も働く母親と同様,役割葛藤や過負荷に悩んでしかるべきではないかと思います。これまで,女性の多重役割はなくさなければならない,といった議論が中心になっていて,男性にも多重役割を与えようという発想に欠けていたといえます。しかし筆者は,もっと多重役割をポジティブなものと捉えていってもよいのではないかと思います。自分だけが役割を分担し,それを相手にさせないで相手の自立を奪っておいて,自分を相手から必要だと思わせるというのは,あまり人間的ではないと思います。

多重役割をこなし働く母親の場合も「女は家庭」といったジェンダー・ステレオタイプに惑わされることなく,さまざまな援助を受け入れる心の準備が必要です。中途半端な仕事の仕方をしてしまうと,夫や子どもに対して十分な世話のできない自分を情けなく感じ,保育所に子どもをあずけることに罪悪感さえ抱き,職場でも半人前扱いにされることでいらいらしなければなりません。小さい子どもをもつ母親は,特に,「3歳までは母親が子育てすべき」といった,いわゆる「3歳児神話」を,母親自身が打ち消せなければなりません。夫が多重役割をこなすようになった場合,妻の方に,「女は家庭」で完璧に家事育児をやるということが自己アイデンティティを支えたままですと,夫に援助されて家事をやってもらったりしても,当てつけにしか思えなくなることも考えられます。

実際,ジェンダー・フリーな意識が必要だと頭ではわかっていても,夫に家事を任せられない妻は多いようです。その理由として,「妻が家事をするのは家族への愛情の証しである」といった無言の強

制を，妻自身が感じていることがあるようです（山田，1999a）。山田が1991年に小金井市の既婚男女345人に対して行った調査によると，家事を愛情表現と考える既婚女性は，62.8％にものぼりました。また，たとえお金や時間に余裕ができたとしても，それらを家事負担の軽減のために使うつもりがあまりないこともわかりました。それどころか，かえって今よりも手間暇かけてていねいに家事をしようとさえ考える傾向があったのです。山田は，こうした日本の主婦の家事意識からみえてくるものは，家事をこなす（夫は給料を家に入れる）ことでしか家族の絆を感じられない夫婦関係の貧しさであると述べています。夫婦共働きを成功させるには，家事は効率的に合理的に分担するものだという意識に変える必要があります。

このような個々の些細な夫婦関係の変化が，社会のジェンダーをなくすことにもつながります。今後，介護保険の見直しや離婚条件などの民法改定，国民年金制度における3号年金受給者問題など，多くの福祉に関連した政策が議論されるでしょう。その時，多くの人々が，性別分業を支持するのか，それとも男女共同参画社会をめざす雰囲気ができつつあるのかが大事なポイントになるはずです。それによって福祉の制度も決定されていきます。それと同時に，福祉制度は，心理的に受け入れられるものでなければなりません。個人が社会とつながって生活していることの自覚を高めていくことで，個人の幸せに役立つ福祉ができあがると思います。

2.「夫婦二人で一人前」の「甘え」を捨てる

これからの家族は，個人が自立して生活する傾向が強まり，家族役割や家族の人間関係だけにしがみつくことはできなくなりそうです。そこで，多くの人々とより上手にコミュニケーションを交わし，多様な人間関係を結んでいくことが増えるのですが，その際，自己概念（自分が考える自分自身）がジェンダーに縛られていないこと

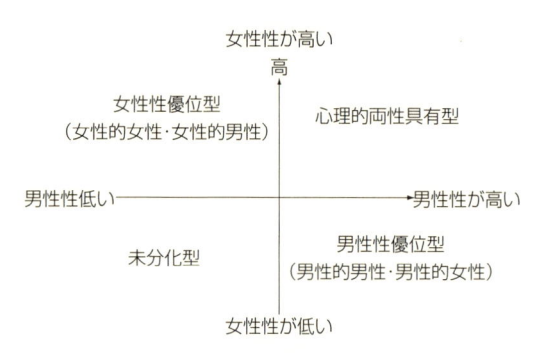

```
              女性性が高い
                 高
女性性優位型          心理的両性具有型
(女性的女性・女性的男性)

男性性低い ←―――――――+―――――――→ 男性性が高い

                      男性性優位型
    未分化型         (男性的男性・男性的女性)

              女性性が低い
```

**図3-14　男性性と女性性の高低によりカテゴリー化された
ジェンダーに関する自己概念**

が重要になってきます。ジェンダーに関する自己概念は，社会一般で男性に期待されている性格特性（決断力，指導力，行動力など）が自分にある（男性性）と考えているかどうかと，同様に，女性に期待されている性格特性（感受性，愛嬌，従順さなど）が自分にある（女性性）と考えているかどうかを問題にします（Bem, 1974）。図3-14は，男性性と女性性の高低によってカテゴリー化される，ジェンダーに関する自己概念を図示したものです（土肥，1999参照）。

これに関して，広川ら（Hirokawa et al., 2000）が行った実験の結果を紹介します。まず，男子大学生262名，女子大学生255名の中から，男性性も女性性ももち合わせた，両性具有型のパーソナリティ，あるいは男性的男性あるいは女性的女性といった，ジェンダーにそったパーソナリティ（性別化型）の大学生の男女52名を選び出しました。そして，そのジェンダー・パーソナリティを考慮しながら男女1名ずつの初対面カップルを作りました。初対面カップルは，男女両方とも両性具有型，男性あるいは女性が両性具有型で他方が性別化型（男性的男性，あるいは女性的女性），男女両方とも性別化

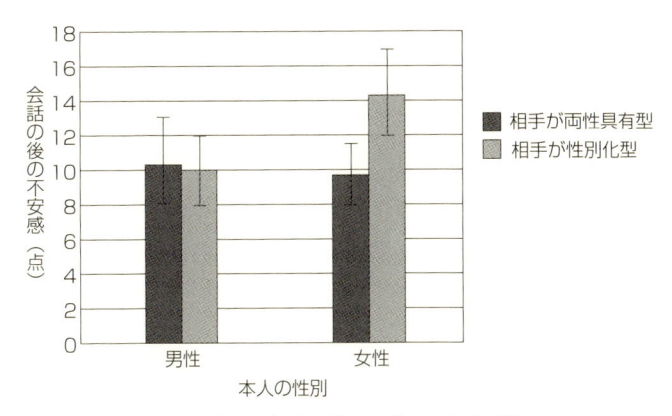

図3-15 男女別，相手のジェンダー・タイプ別，会話の後の不安感

型（男性的男性と女性的女性）という4種のジェンダー・パーソナリティの組み合わせからなります。そして，被験者に対して，5分間，自由に会話をしてもらい，話の切り出し方や話題の豊富さ，会話の盛り上がり，相手に向かいあっている時の姿勢などを隠しビデオで撮影し，また質問紙によって個人の心理的反応（不安感など）について調べました。なお，ビデオ撮影していたことは，事後承諾してもらいました。実験で撮影したビデオ・テープを第三者に見せ，会話場面を評定してもらった結果，両性具有型の個人は，会話場面でもあまり神経質にならず，また会話相手に対して前傾姿勢をとり，会話に積極性がみられました。また両性具有型の男性は，相手の女性の会話場面での不安感を和らげることができました。反対に性別化型の男性的（つまり男性的男性）は，会話によって相手の女性に不安感を与えてしまうことがわかりました（図3-15）。

ではなぜ，両性具有的パーソナリティであることは，男女の二者場面で適応的なコミュニケーションをすることに関係してくるのでしょう。それについては，ウォルツラヴィッチら（Watzlawich *et*

表3-5 カップルの種類別にみた，相補性と対称性に関

カップルのタイプ	男女とも 両性具有型		男性のみ 両性具有型	
性別	男性	女性	男性	女性
ジェンダー・タイプ	両性具有型	両性具有型	両性具有型	性別化型 (女性性優位型)
自己概念の男性性 自己概念の女性性	有り 有り	有り 有り	有り 有り	なし 有り
相補の関係	男性性と女性性 女性性と男性性		男性性と女性性	
対称的関係	男性性と男性性 女性性と女性性		女性性と女性性	

al., 1967）が提起したコミュニケーション関係の2つの要素である相補性（complementary）と対称性（symmetry）にもとづいて，表3-5の仮説モデルを考えてみました。相補的関係というのは，二者の差異性に基づくもので，どちらかの力が強いことを確認させると同時に，二者関係を強化します。他方，対称的関係は二者の同等性に基づくもので，お互いが共通点をもち比較しあうために，競争や葛藤を生じさせる心配はありますが，尊敬しあったりよい意味での同調を生みます。そこで，お互いの男性性と男性性，女性性と女性性が会話で生かされ合うことで対称的コミュニケーション関係ができ上がり，男性性と女性性が会話で生かされ合うことで相補的コミュニケーション関係ができ上がると考えています。つまり，個人が男性性も女性性ももっていれば，より多様なパターンで，相手とコミュニケーションすることが可能になると考えます。それとは反対に，男性的男性と女性的女性のカップルでは，相補的コミュニケーションができて関係は強化されても，対称的コミュニケーションはできないため，お互いが尊敬しあうような関係はもちにくくなると考えています。この実験研究では，この仮説の一部を支持した結

する仮説（Hirokawa *et al.*, 2000に加筆）

女性のみ両性具有型		男女とも性別化型	
男性	女性	男性	女性
性別化型 (男性性優位型)	両性具有型	性別化型 (男性性優位型)	性別化型 (女性性優位型)
有り なし	有り 有り	有り なし	なし 有り
男性性と女性性		男性性と女性性	
男性性と男性性			

果が得られました。つまり，両性具有的であることの有益性をわずかながら示唆できたといえます。

　夫が収入のある仕事などの「男性的」役割を，妻が家事・育児などの「女性的」役割を分担し，またパーソナリティにおいても夫が男性性を，妻が女性性を自己概念としてもつことは，上で述べた相補的コミュニケーションだけを可能にします。家族で固定したお決まりの役割をこなす限りにおいては，例えばどちらか一方が話上手あるいは聞き上手になったりしていればいいのかもしれません。しかし，どちらか一方の役しかできない人は，うまく話ができる相手が限定されてしまうため，夫や妻以外の人とは「うまが合わない」「話がかみ合わない」可能性が高くなるのです。この実験結果からいえることは，コミュニケーション・スキルを身につけた個人となるためには，パーソナリティの面でもジェンダーにこだわらず「男性的」「女性的」とされている両方の特性を兼ね備えることが大切だということです。

3. 結婚を「人生の選択肢のひとつ」にできる社会へ

これまで家族の中で夫婦やその他の家族メンバーが幸せになる方法を探すために、いかに夫婦の役割分担を柔軟にするかを問題にしてきました。しかし、すでに夫婦生活が長い熟年カップルの場合は、今さら、長年の役割分担を急に変えるわけにはいかないという事情もありますし、将来、夫婦関係に入るであろう今の子どもたちも、家庭のしつけや学校教育、マスコミなどでジェンダーにそった学習を現在でもさせられている現状があります。したがって多くの夫婦が柔軟に役割分担するようになるのは、まだまだ時間がかかるでしょう。そこで見方を変えて、結婚相手に幻滅し結婚生活がうまくいかなくなった時に、離婚して家族をやめることで幸せになることも考えてみます。

従来は、子どもへの影響を中心にした家族研究が盛んに行われてきましたが、それらの研究で出された一般的な結論は、親が離婚をすると子どもたちの主観的幸福感は低下するというものでした（Glenn & Kramer, 1985；Amato & Keith, 1991）。その理由として、第1に、社会化の理論が示唆するように、離婚で親がそろっていないという家庭環境を作ることは、長期に渡って親が子どもへ関心をもつことやしつけをすることを不十分にさせてしまうからであるという考え方があります。第2に、経済的に苦しくなって生活レベルが下がることにより、教育への財政投資が十分にできなかったり貧困な居住地域にすむことになるなど、教育環境が悪化することが考えられます。第3に、離婚によって引っ越しや転校、友人や親戚とのつきあいの喪失などの環境の変化が起こりそれがストレスになる可能性が考えられます（Amato & Booth, 1991）。

ここであげました離婚がよくないとされる理由を、よくよく考えてみますと、夫婦関係のいかんによっては、必ずしも結婚している状態がよいとも限らないことに気がつきます。たとえ離婚していな

くても，常にいがみあって相手をののしり合っているような夫婦の家族，家庭内離婚のようにお互いに無関心状態の夫婦の家族，児童虐待や家庭内暴力が日常的になっているような家族のメンバーは，かなり高いストレスにさらされているでしょう。また子どもの社会化や教育にとってもよい環境であるとはいえません。親が強い葛藤状態にある家族の子どもは，親が離婚した時よりも不幸になることさえあるのです（Amato *et al.*, 1995）。

そこで，ゴームら（Gohm *et al.*, 1998）は，世界39カ国の男子大学生2,625名，女子大学生4,118名に対する質問紙調査を行い，結婚の有無や結婚におけるコンフリクト状態に基づいて，家族のタイプを図3－16（p.115）にある7タイプに分け，どのような家族の大学生がもっとも主観的幸福感が高いかを検討しました。この研究では，主観的幸福感の指標としては，生活満足感と肯定的－否定的感情経験の相対的大きさの2つを取り上げています。また，家族のタイプとその家族メンバーである大学生の主観的幸福感との関係は，個人主義的文化か集団主義的文化による違いからも検討されました。個人主義（Hofstede, 1980）社会とは，個人の自立に高い価値をおき，価値自律的な社会を指します。それに対して集団主義社会とは，相互依存性に高い価値をおき，自己への関心よりは他者に従属することを重要視し，自律よりは他者との調和をよしとする社会を指します。彼らは，ミラーら（Miller *et al.*, 1994）の知見に基づき，個人主義社会は，義務より権利をベースにモラルが作られており，あまり他者を援助する義務を感じていないために，身近な集団からのソーシャル・サポートの授受は少ない（Triandis, 1995）と予想しました。それに対して集団主義は，義務をベースにモラルが作られており，拡大家族からの援助は大きいと予想しました。個人主義－集団主義の文化の次元に加えて，国ごとの離婚率の高さによっても違いがあるかどうかも検討されました。日本は表3－6をみてもわかる

表3-6 調査対象国のサンプル数・個人主義－集団主義評定値・離婚率

国名	サンプル数	個人－集団主義評定値	離婚率
オーストラリア	289	9.00	11.28
オーストリア	164	6.75	9.09
バーレーン	124	3.00	71.15
ブラジル	112	3.90	11.76
中国	554	2.00	17.03
コロンビア	99	2.15	17.78
デンマーク	88	7.70	17.28
フィンランド	91	7.15	14.82
ドイツ	107	7.35	22.34
ギリシア	129	4.80	2.68
香港	142	4.75	10.83
ハンガリー	74	6.00	25.00
インドネシア	90	2.20	9.56
イタリア	288	6.80	5.24
日本	200	4.30	3.59
韓国	277	2.40	4.28
ノルウェー	99	6.75	17.07
ペルー	129	2.80	10.26
南アフリカ共和国	370	5.75	15.46
シンガポール	131	3.50	3.36
台湾	532	3.85	3.75
アメリカ合衆国	442	9.55	23.59

注1) 表中の国は，Gohm *et al.*, 1998 より抜粋して記載
注2) 個人－集団主義評定値は，高得点ほど個人主義的であることを示す
注3) 離婚率＝親が離婚した対象者数／（親が結婚している対象者数＋親が離婚した対象者数）

ように，個人主義度はあまり高くはないものの，全調査対象国のメディアン値よりは高いために個人主義文化とカテゴリー化され，また離婚率はかなり低いところに位置しています。

その結果，図3-16で示された通り，両親がそろい，争い（conflict）の少ない家族にいる大学生は，他のどの家族の大学生よりも生活満足感が高く，よい感情経験をより多くしていることが明らかになりました。ところが両親がそろっていても，争いの多い家族に

いる大学生の生活満足感は，離婚して単親だけの家族の大学生よりも低いものでした。この傾向は，集団主義国で顕著に見られています。また感情経験では，たとえ再婚して争いが少なくても，離婚して単親家族の子の方が，よい感情経験を多くしていました。日本では，単親では子どもがかわいそうだから，という理由で離婚を思いとどまることが多いようですが，親のその選択は，子どもを不幸にしていることが十分考えられるのです。

次にこうした親の結婚の有無，争いの多さと幸福感の関係が個人主義 – 集団主義によってどう異なるかを検討した結果，家族タイプが同じもの同士を比較すると，個人主義文化の方が集団主義文化よりも生活満足感が高いことが分かりました（集団主義文化の生活満足感の平均値が20.25（SD=6.18）に対して，個人主義文化の平均値

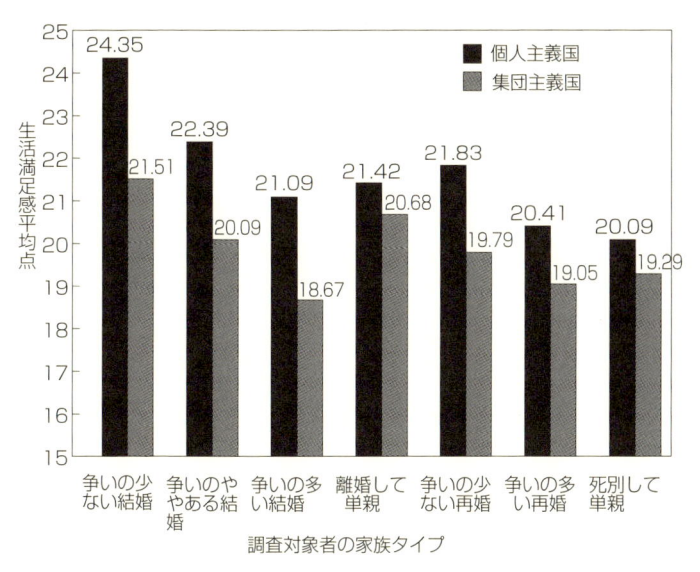

図3-16 個人-集団主義国別生活満足感

(注) 生活満足感スケールは，5項目，7件法のリカート法。得点範囲は5〜35点。

家族の中で幸せになるための条件

は 22.50（SD=6.27））。

　さらに，離婚率の高低による影響を検討したところ，離婚率の高い国では，親がそろっている家族での争いの多さは，子どもの生活満足感に影響しませんでした。それはおそらく，離婚率が高い国では，争いがあまりにも多くなれば，すぐに離婚してしまうからであろうとしています。たしかに，離婚率の高い国は，低い国よりも，争いの多い家族のタイプの割合が低くなっていました。

　さて，ここで日本について考えてみますと，まず離婚率は低い方なので，ゴームの結論に従えば，夫婦間の争いが多くても離婚できない国ということになります。さらに，もし離婚した場合，集団主義度はさほど高くはありませんから，その単身の親の家族を支えるだけの十分なソーシャル・サポートがあるともいえないのです。日本でも，争いの多い夫婦関係に陥った場合，その状態で結婚を続けても子どもは不幸になるのですから，離婚をすることが妥当でしょう。ただし，拡大家族からのソーシャル・サポートがあまり期待できない状況を考えれば，人工的なソーシャル・サポートを作らなければ，離婚はうまくいきません。こうしたサポートは，前述した市民性の中の「連帯」や，「基本的信頼感」の上に成り立つものかもしれません。あるいは，離婚してもせめて教育資金が不十分にならないよう，また生活苦のために家庭環境が大きく悪化することがないよう，財政支援することも考えるべきでしょう。日本では離婚した父親が養育費の支払いを拒否することに対して，あまりにも寛大だと問題視されています。離婚した夫から強制的に養育費を取り立てる方法や，離婚するまでの間に支払ってきた夫の厚生年金の保険料を，離婚時に妻にも分与することなどが早急に実施されてもいいのではないかと思います。

4. 家族は生活選択肢を増やすためのものと考える

本章の最後に、今後の家族、個人、社会の関係性を考慮しながら、家族福祉のあり方について考えます。戦前と「戦後体制」以降の家族が違う点の1つとして、戦前の家族は農家や自営業の割合が高かったのに対して、戦後の家族はサラリーマンの割合がずっと高いことがあります。そのため、戦前は職住が一致しており家族でいることが生活のために必要でしたが、戦後は生活共同体という意味での家族の機能は低下してきました。今後もその傾向は強まるでしょう。清家（1998）は、ある書物の中の「必要の家族から選択の家族へ」と題した章で、これからの家族は、精神的満足や、リスクの軽減、生活選択肢の増加のために存在するようになるだろうと予想しています。例えば、現在のところ一番賃金を高くもらえるのは大人の男性であるために、夫が働きに出るわけですが、夫の稼ぎは存在証明、生きるための必要条件にさえなっています。そのため、失業による自殺率は、男性が女性よりもかなり高率（Waldron, 1976）なのです。しかし反対に、夫にも働かないという選択ができたり、自分の趣味に生きたり、社会貢献活動をしたり、勉強に専念したりできるというのが、生活の豊かさの現れになるであろうと予想しています。多くの選択肢から生活スタイルを主体的に選べるということは、それだけ自分らしい生活ができやすくなるということですから、それによって生活も豊かになるのです。その力になることが、これからの家族福祉の目標になるでしょう。

ただし、家族の選択可能性を受け入れられるパーソナリティをもつ人は今のところ、そう多くはないのではないと感じています。例えば夫婦の結びつき方の面からみても、コミュータ・マリッジ（仕事の都合で一時的に別れて暮らし、休日や休暇を一緒に過ごすという共働き夫婦；三善, 1993）、DINKS（子どもをもたない共働き夫婦）、事実婚夫婦（婚姻届を出さない夫婦）などのように多様になり

つつはあります。しかし，多くの人たちが選択可能性を有効に活用しているようには見受けられません。選択幅が広がってそれを享受しているというよりは，仕方なくそうなっているのが現状のような気がします。それはひとつには，われわれの意識には，「夫が仕事で妻が主婦業をするのが正しい」といった「標準」があるからです。例えば働きたい女性がもっと積極的に人生を選択していく気があれば，相手の男性には，共働きに理解があったり協力的な態度をもっていることや，年収が低くても家事が上手であること，仕事時間が短かったり，転勤がないことを希望したりするのが賢い相手選びであるはずです。男性もフルタイムの女性との結婚に魅力を感じ，それが現実になる可能性を感じていれば，年齢や容貌ばかりで選ぶ必要などないはずです。

　ではなぜ，日本人は標準にしがみついてしまうのでしょう。まず，心理的な面で考えられる理由としては，多くの日本人は同質性を求めたがり，「標準からはみ出した」家族を冷遇しようとする態度をもっていることが考えられます。例えば，日本の離婚率は増えつつあるとはいうものの，他の先進欧米諸国に比べると，かなり低くなっています。これは，前にも述べたように，離婚をして母子家庭になると世帯収入が低くなり生活が苦しくなることも，確かに理由の1つとなっているでしょう。日本は専業主婦への手厚い救済がある反面，離婚した女性に対しては冷遇的であるといわれているのです。しかしそれだけではなく，偏見やいじめに合うと思われているために，子どもがかわいそうだと考え，家庭内離婚などの形ででも，「標準的」とされる家族にしがみつかざるを得ないという心理的な理由もあるように思われます。子どもが非嫡出子であったりすると，同じ母子家庭の中であっても，死別や離別の場合に比べ，より強い偏見にもさらされます。事実婚の子どもたちも，どちらかの親と名前が違うということで，奇異の目でみられることを心配しなければな

らず，その理由で多くの夫婦が事実婚を思いとどまります。共働きで子どもを保育園にあずけることも「逸脱」の一種であると思われています。日本では，「3歳児神話」とか「母性神話」を信じる人がまだまだ多く，小さい子どもをあずけてまで母が働きに出ることには罪悪感をもたざるを得ない風潮があるからです。フルタイムで働くと子どもを習い事に連れていけなくなって発達が遅れるから，子どもが小さいうちから働きに出て自分の手で育てないと子どもに愛情をもてなくなるから，子どもが保育園上がりだと小学校へ入学したとき仲間はずれにされるから，などの考え方も，「標準的」な家族からはみ出してしまうことへの無意味な怖れの現れです。男性が仕事を辞めて勉強をすると言いだしたり，新しいキャリアを磨こうと修業を始めようとしても，世間からもあきれられるぐらいの異質さを感じられるのではないでしょうか。要するに，日本では，標準外であること，社会の少数派でいることは嫌われるという風潮が強くあり，足を引っぱり合って，家族の選択の自由を奪いあっています。

「標準的」な家族でいようとすると，それは結局，自分が希望する人生や夢を忘れさせてしまい，家族によって生活の選択肢を増やせないどころか，家族は人生の選択肢を狭める集団になってしまいます。そしてわれわれが行政の意図するままに，標準の枠にしがみつき，控除などといった目先の利益で家族生活の選択幅を狭めてしまうことは，人生を無駄にしているような気がします。

そこで筆者が提案したい将来の家族福祉の姿は，もっとダイナミックに，個人がジェンダーのない社会と接触していき，それを家族が支え，そして一方では自立をめざす個人を福祉社会が支える，という個人と家族と社会の関係です（次頁の図3-17参照）。

前にも述べたように，個人の意欲，生きがいの点から，直接社会と関わりがあったり目に見える報酬がある方が生き生きできると思います。そのためには，家族の中での役割，家族福祉だけをやって

(a) ジェンダー社会

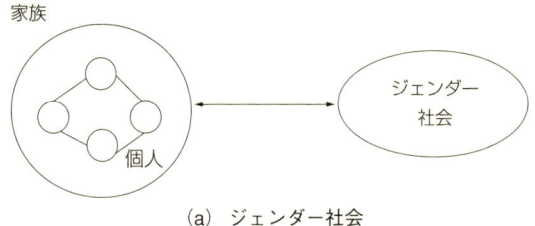

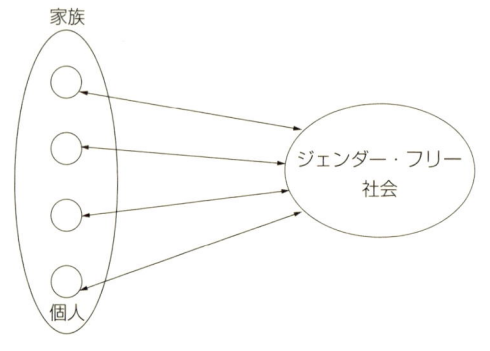

(b) ジェンダー・フリー社会

図3-17 ジェンダー社会とジェンダー・フリー社会の家族関係のモデル

社会との接触は家族を通じて間接的に、というやり方は変えていかなければなりません。家族メンバーのそれぞれが社会的にも自立をし、家族はその自立を支える安全基地のような存在であることに価値をおくのがいいと思います。家事は基本的に家族全員が、それぞれ1人分の分量をすることにします。家事分担を上手にやり繰りすれば、4人分の家事は2、3人分の労力で済むはずです。そうすれば、家事は妻が仕事として仕方なくするものではなくなり、「ボランティア精神」でやるような性質のものになるはずです。妻が「自分は家族の世話ばかりやって女中のようだ」などと自尊心を失うこともなくなるでしょう。夫は仕事をして収入さえあれば家族への責任が果

たせているといった錯覚をもつこともなくなるでしょう。行政は，経済的に自立して働く人が増えて，歳入が増えた所得税や住民税で，福祉のサービスをし，自立したもの同士の家族を支えるわけです。その行政サービスを実際に担うのは，社会との直接的なつながりをもつために，家族から自立を果たした人たちです。

家族が血縁関係のある長期的な関係をもつ集団であることは，安全基地としての家族をめざすためには好都合です。それは，長期的な家族メンバーそれぞれのライフサイクルを見渡しながら，家族の協力関係を創造することを可能にするからです。例えば，結婚後は妻が子育てをしていても，子育てと並行しながら再就職の準備をしたり資格取得の勉強をし，夫が定年になってからは妻がフルタイムで心おきなく働き，定年で家にいる夫が家事や親の介護をするという計画も立てられます。夫は定年後の第2の人生を楽しむために，家族とどう関わっていけばよいのか，日頃から案を練ることができます。成人になった後も家にいて親のすねをかじっている子どもは，パラサイト・シングル（山田，1999b）になることは許されず，自分の仕事や勉強だけしていつまでも世話をしてもらえる子どもとしてではなく，家族役割をもっと積極的に担うことが求められます。フルタイムの共働きで，子育てを自分たちの親に委せていた夫婦は，共働きをしている子ども夫婦に代わって孫の世話をすることで，ちょっと遅めの子育てを経験するかもしれません。せっかくの家族関係ですから，もっと創造的にしたいものです。家族福祉のために個人の生活があるのではなく，個人の生活のために家族福祉があるべきです。

注
1) 三田市の位置は，図3-18の兵庫県地図の通りで，神戸市や大阪市などへの通勤圏内にある。
　　平成7年国勢調査によれば，三田市の総人口は96,279人，平成2年か

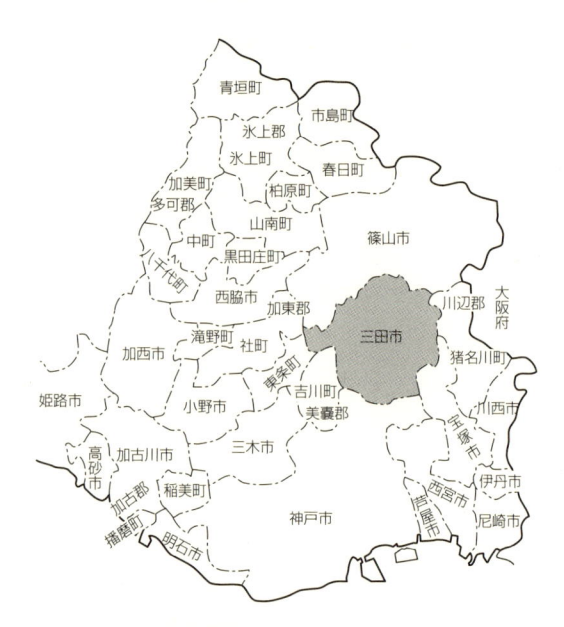

図3-18 三田市の位置（出所：三田市統計書　平成10年度）

ら7年の人口増加率は41.9％で，非常に高かった。

　20歳以上の人口77,797人の居住地区内訳は，市街地が18,973人，郡部が16,116人，新興住宅地が42,708人となっている（平成11年9月30日現在）。

　本文で引用した，「男女共同参画社会に関する市民調査」の調査地域は三田市全域で，調査対象は市内在住の満20歳以上の男女。標本数は2,000人で有効回収率は53.2％。調査サンプルは，住民基本台帳および外国人登録原票から無作為抽出し，郵送法により調査を実施。調査期間は平成11年12月。調査対象者の年齢と性別，結婚状況，調査対象者自身を含めた同居家族人数の内訳は，図3-19のa, b, cに示す通り。

2)　当時，関西学院大学社会学部教授。現在は同志社大学文学部教授。
3)　当時，関西学院大学社会学部博士前期課程。現在は京都大学情報学研究科博士後期課程。

(a) 性・年齢別

年齢	男性(N=474)	女性(N=582)
20歳代	8.9	12.0
30歳代	17.3	22.9
40歳代	28.5	28.0
50歳代	20.9	18.4
60歳代	16.2	11.0
70歳以上	8.2	7.6
無回答	0.0	0.2

(b) 結婚状況

- 未婚 11.7%
- 既婚(配偶者あり) 80.7%
- 既婚(配偶者なし) 7.1%
- 無回答 0.5%

N=1,060

(c) 同居家族（調査対象者を含む）

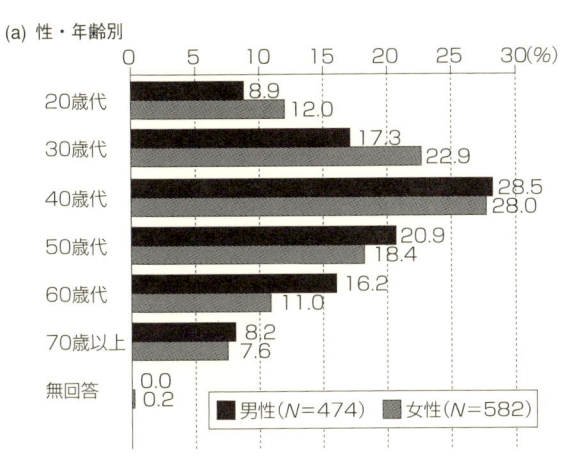

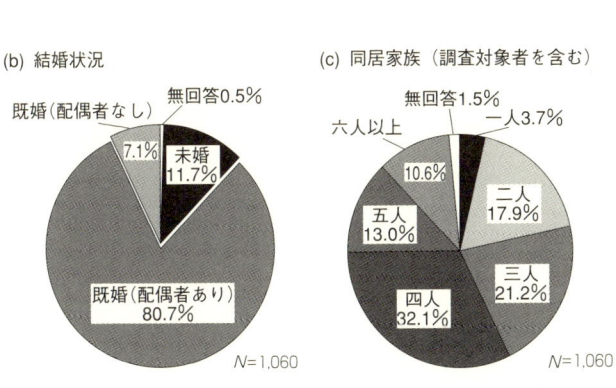

- 一人 3.7%
- 二人 17.9%
- 三人 21.2%
- 四人 32.1%
- 五人 13.0%
- 六人以上 10.6%
- 無回答 1.5%

N=1,060

図3-19　三田市「男女共同参画社会に関する市民意識調査」対象者の属性

あ と が き
――幸せへの第一歩――

　ここでは，第1章から第3章で社会心理学的観点から考えた，「みんなで幸せになる方法」をまとめてみたいと思います。それは社会も，個人の生き方・考え方も，より主体的，合理的なものに，というものです。主体性も合理性も「恵まれない人に愛の手を」というあたたかいイメージの社会福祉とは対極にあるもののように感じられます。そこで，あえてこの2つを提案したいと考えました。表4-1は，主体性，合理性をもって幸せになる具体的な方法を，個人と社会に分けてまとめてみたものです。

表4-1　「みんなで幸せになる方法」

	より主体的に	より合理的に
社会に関して	・各々の人が生きがいをもてるように，多様な人生の選択肢を可能にする。 ・働く意欲のある人には，可能な限りその機会を与える ・画一的な福祉サービスの押しつけをしない ・内発的動機を育むような形でのボランティア活動を積極的に支援する	・人は，自分中心的に幸せを求めていることを容認し，それぞれの人の自己実現の援助を中心にした福祉にする ・年収や住居などの表面的な幸せの基準だけに頼らない ・家族単位と個人単位の幸せを区別する
個人に関して	・自分の役割を限定せず，多重な役割に従事する ・夫と妻は自律した個人同士になる ・狭い人間関係だけに閉じこもらず，社会と積極的関わりをもつ	・ジェンダー・フリーな人間になる ・援助も幸福感にも「自己中心性」があることを認識し，相手を尊敬した援助をする ・家族を長期的な相互協力可能な人間関係と考える

より主体的に

　ここでいう主体的の意味は，個人主義的と近いかもしれません。第3章の第3節で取り上げたゴームら (Gohm *et al*., 1998) の研究結果にあるように，集団主義文化の国より個人主義文化の国の方が，幸福感は概して高いようです。日本はちょうどこれまでの拡大家族の割合が減少していき，世帯当たりの家族数も低下するなど，集団主義文化の国から個人主義文化の国へ移行する方向にあると思われます。しかしまだまだ現実生活に個人主義が根づいてきたとはいえそうもありません。かといって，日本が拡大家族の集団主義文化の国に戻ることは，おそらく不可能です。そこで，集団主義文化で有効であった人間関係を，いかに個人主義文化で有効な人間関係にうまくつくり変えていけるかどうかが問題になってきます。個人主義文化で必要になることは，個人が主体的に生きていくことです。集団主義は周りの人間が自分を助けてくれる状況にある場合は有り難いシステムですが，主体的に自分の意志で何かをしようとするには，様々な「しがらみ」がつきまといます。残念ながら日本は，個人主義文化の国になりつつあるのに，主体性をもっていない中途半端なままです。しかしこのまま家族などにしがみついていては，幸せになることは難しいでしょう。例えば第2章では，日本の高齢者が「家族閉じこもり型」の不確実な幸福感しかもてないことが指摘されました。第3章では，女性が「社会的弱者」となり家庭に閉じこめられてしまう問題を取り上げました。

　そこで，主体的にすることで幸せになる方法としては，まず，社会はおせっかいともいうべき福祉サービスを考えるより，主体的に生きていこうとしている個人の意欲を高め，人生の選択肢を増やす援助をする役割に徹するべきであると考えます。高齢者を役に立たないお荷物のように扱うのではなく，働く意欲のある高齢者の雇用

機会を作り，高齢者に社会的役割をもっと担ってもらうことを考えます。女性は弱者になりたいわけでも，家庭で被扶養者に甘んじたいわけでもありません。女性も，働ける環境が整えば，結婚出産退職を回避して，常勤の雇用労働者として納税者となり，福祉社会を担えるのです。また，「社会あっての個人」とばかり，教育の一環として個人に対してボランティアを強制するなどしていては，内発的な動機は生まれず，教育に対しては逆効果になると考えます。魚を与えるのではなく，魚の釣り方を教えるのが主体性のある福祉社会と考えます。

社会全体が主体性を重んじるとともに，個人が変わっていくことも求められます。役割を担うのは生き甲斐にもつながり望ましいことなのですが，同時に特定の集団の中でのアイデンティティに固定される恐れもあります。家族の中でも個人化の傾向が増しつつある現在，特に夫と妻が依存しあって「二人で一人前」になっている状態は，家族以外の人間関係を狭めてしまい，社会的支援などの幸福の手段を得にくくなるのです。また主体的に生きて幸せになるためには，役割を自分で探すことにもなります。その時，適度なコントロール感をもって自尊心を保ち，様々な個人との様々な形の人間関係を結べるようなパーソナリティでいることが，社会の中での役割遂行を成功に導いてくれることでしょう。その一つの例として第3章で示したように，両性具有的な自己概念をもっていることが，コミュニケーション・スキルにプラスになる可能性も考えられます。

より合理的に

ここでいう合理的の意味は，現代社会に適しており，また心理学的にみて理にかなった，といった意味です。第1章にあるように，個人は「自己中心的」に幸せを追求します。そのひとつの形が自己

実現型の援助やボランティアなどです。これを偽善的であると考える必要はないと思います。人間誰しも自分の幸せが一番であると考えることを、道徳的にあるいは教育によって改めようとしても失敗に終わるでしょう。援助を受ける方にしても、自己充足のための援助であると考えられる方が、申し訳なさや過剰利得の苦痛を伴わないでいられると思います。家族の中の個人も、「自己中心的」であることには変わりはありません。家族に対して限りない世話や愛情を注ぐのは不可能であると割り切ることで、他者からの援助も求めやすくなるでしょう。

また社会福祉では、表面的な幸せ基準を達成させるべく工夫がされているわけですが、幸せが心理的であることを考えると、無駄な投資も多いと思います。つまり、行政から合理的だと考えられることは、心理的にみれば合理的なものではないのです。例えば、行政は高齢者の幸せのために、「寿会館」のような「仕掛け」を作ります。しかし、多様な幸せの基準をもつのが人間であることを考えれば、寿会館ができたことで喜びを享受できる高齢者は一部の人だけであって、結局は合理的な福祉の方法ではないのです。

それならば、こうした幸せの表面的基準にこだわることなく、行政としては、幸せになるための主体的な努力を援助するのが、心理的にみて「合理的」な方法といえるでしょう。個人の方でも、合理的な生き方、考え方をしていくのがいいでしょう。恩着せがましい援助を受動的にしてもらってばかりでは、自分の自尊心も、自立した生活も奪われてしまうことを自覚しなくてはいけません。

さらに、現在の社会の動向を考えるに、男女共生やジェンダー・フリー社会に向かっているところです。したがって、夫も妻も仕事あるいは家庭での役割だけに従事するだけでなく、自立した個人を目指し、家族はそのための長期的相互協力体制と考えることが、現代社会に適した福祉のあり方だと考えます。

本書が，多くの人々にとって「みんなで幸せになる方法」を考えるきっかけになれば，幸いです。

　　　　　　　　　　　　　　　　　　　　　　　土肥伊都子

引用文献一覧

■まえがき

青木紀久代・新宮秀夫(編著) 2000 『子どもを持たないこころ−少子化問題と福祉心理学−』 北大路書房

箕原 実 1983 『児童福祉心理学』 洋々社

岡田 明 1995 『福祉心理学入門』 学芸図書

佐藤泰正・山根律子 1998 『福祉心理学』 学芸図書

臼井正樹 2000 自己決定と福祉−自己決定概念の福祉分野における意義と限界− 社会福祉学, **41**, 135-150.

■第1章

Argyle, M. 1987 *The psychology of happiness.* London: Academic Press. (石田梅男訳 『幸福の心理学』 1994 誠信書房)

Brickman, P., Coates, D., & Janoff-Bulman, R. 1978 Lottery winners and accident victims: Is happiness relative? *Journal of Personality and Social Psychology*, **36**, 917-927.

Brief, A.P., Butcher, A.H., George, J.M., & Link, K.E. 1993 Integrating bottom-up and top-down theories of subjective well-being: The case of health. *Journal of Personality and Social Psychology*, **64**, 646-653.

Costa, P.T., & McCrae, R.R. 1980 Influence of extraversion and neuroticism on subjective well-being: Happy and unhappy people. *Journal of Personality and Social Psychology*, **38**, 668-678.

Diener, E. 1984 Subjective well-being. *Psychological Bulletin*, **95**, 542-575.

Diener, E., & Diener, C. 1996 Most people are happy. *Psychological Science*, **7**, 181-185.

Diener, E., Diener, M., & Diener, C. 1995 Factors predicting the subjective well-being of nations. *Journal of Personality and Social Psychology*, **69**, 851-864.

Diener, E., Emmons, R.A., Larsen, R.J., & Griffin, S. 1985 The satisfaction with life scale. *Journal of Personality Assessment*, **49**, 71-75.

Diener, E., Suh, E.M., Lucas, R.E., & Smith, H.L. 1999 Subjective well-being: Three decades of progress. *Psychological Bulletin*, **125**, 276-302.

Goleman, D. 1995 *Emotional intelligence: Why it can matter more than IQ*. Brockman, Inc.（土屋京子訳 『EQ－こころの知能指数－』 1996 講談社）

Festinger, L. 1954 A theory of social comparison process. *Human Relations*, **7**, 117-140.

Hagerty, M.R. 2000 Social comparisons of income in one's community: Evidence from national surveys of income and happiness. *Journal of Personality and Social Psychology*, **78**, 764-771.

Headey, B., & Wearing, A. 1989 Personality, life events, and subjective well-being: Toward a dynamic equilibrium model. *Journal of Personality and Social Psychlology*, **57**, 731-739.

久田 恵 1999 『ニッポン貧困最前線－ケースワーカーと呼ばれる人々－』 文春文庫

家田荘子 1996 『セックスレスな男たち』 集英社

猪熊弘子 2000 今どきの老人ホームの恋愛模様－異性への関心こそが生きるエネルギー－ 婦人公論, **1073**, 58-61.

春日武彦 2000 『不幸になりたがる人たち－自虐指向と破滅願望－』 文藝春秋

Klar, Y., & Giladi, E.E. 1999 Are most people happier than peers, or are they just happy? *Personality and Social Psychology Bulletin*, **25**, 585-594.

古崎 敬 1981 順応水準 『心理学事典』 平凡社 Pp.368-370.

古茂田信男・島田芳文・矢沢 寛・横沢千秋 1995 『新版日本流行歌史 下＝1960～1994』 社会思想社

厚生省(監修) 2000 『平成12年版厚生白書新しい高齢者像を求めて－21世紀の高齢社会を迎えるにあたって－』 ぎょうせい

古谷野 亘 1992 団地老人におけるモラールと社会関係－性と配偶者の有無の調節効果－ 社会老年学, **35**, 3-9.

古谷野 亘・柴田 博・芳賀 博・須山靖男 1989 PGCモラール・スケールの構造－最近の改訂作業がもたらしたもの－ 社会老年学, **29**, 64-74.

Krause, J.S., & Sternberg, M. 1997 Aging and adjustment after spinal cord injury: The roles of chronologic age, time since injury, and environmental change. *Rehabilitation Psychology*, **42**, 287-302.

Larsen, R.J., & Ketelaar, T. 1991 Personality and susceptibility to positive and negative emotional states. *Journal of Personality and Social Psychology*, **61**, 132-140.

Lawton, M.P. 1975 The Philadelphia Geriatric Center Morale Scale: A revision. *Jorunal of Gerontology*, **30**, 85-89.

Lykken, D., & Tellegen, A. 1996 Happiness is a stochastic phenomenon. *Psychological Science*, **7**, 186-189.

前田大作 1980 老人と社会 井上勝也・長嶋紀一(編) 『老年心理学』 朝倉書店 Pp.243-263.

前田大作・浅野 仁・谷口和江 1979 老人の主観的幸福感の研究－モラール・スケールによる測定の試み－ 社会老年学, **11**, 15-31.

前田大作・野口裕二・玉野和志・中谷陽明・坂田周一・Jersey Liang 1989 高齢者の主観的幸福感の構造と要因 社会老年学, **30**, 3-16.

毎日新聞社人口問題調査会(編) 2000 『日本の人口－戦後50年の軌跡－』

三浦 展 1999 『「家族」と「幸福」の戦後史－郊外の夢と現実－』 講談社現代新書

宮台真司 1994 『制服少女たちの選択』 講談社

Myers, D.G., & Diener, E. 1995 Who is happy? *Psychological Science*, **6**, 10-19.

中村うさぎ 2000 うさぎとカネの物語－ファーストクラスの人生を手にする魔法－ 婦人公論, **1071**, 50-52.

中村智志 1998 『段ボールハウスで見る夢－新宿ホームレス物語－』 草思社

根建由美子・田上不二夫 1995 主観的幸福感に関する展望 カウンセリング研究, **28**, 203-211.

野辺政雄 1999 地方都市に住む高齢女性の主観的幸福感 理論と方法, **14**, 105-123.

野口裕二 1990 被保護高齢者の主観的幸福感と健康感 社会老年学, **32**, 3-11.

小川時洋・門地里絵・菊谷麻美・鈴木直人 2000 一般感情尺度の作成 心理学研究, **71**, 241-246.

Robinson, M.D., & Ryff, C.D. 1999 The role of self-deception in perceptions of past, present, and future happiness. *Personality and Social Psychology Bulletin*, **25**, 595-606.

Rusting, C.L., & Larsen, R.J. 1997 Extraversion, neuroticism, and susceptibility to positive and negative affect: A test of two theoretical models. *Personality and Individual Differences*, **22**, 607-612.

櫻田　淳　1997　『「福祉」の呪縛－自助努力支援型政策の構想－』　日本経済新聞社

さだまさし　1994　となりの芝生　ワーナー　WPD7-9022

佐藤秀紀・中嶋和夫　1996　高齢者の主観的幸福感を規定する要因の検討　社会福祉学, **37**, 1-15

佐藤ゆかり　2000　ホームレスとして老いる女たち　婦人公論, **1072**, 56-59.

椎名林檎　1999　幸福論　東芝EMI　TOCT-22011

嶋　信宏　1997　現代大学生の幸福観と幸福度　中京大学社会学部紀要, **12**, 108-124.

総理府広報室(編)　1998　『月刊世論調査平成10年3月号　国民生活』　大蔵省印刷局

総務庁(編)　1999　『高齢社会白書　平成11年版』　大蔵省印刷局

総務庁長官官房高齢社会対策室(監修)　1997　『高齢者の生活と意識－第4回国際比較調査結果報告書－』　中央法規

東洋経済　1999　『週刊東洋経済　臨時増刊　経済統計年鑑'99』　東洋経済新報社

Taylor, S.E., & Brown, J.D.　1988　Illusion and well-being: A social psychological perspective on mental health. *Psychological Bulletin*, **103**, 193-210.

Tellegen, A., Lykken, D.T., Bouchard,T.J., Wilcox, K.J., Segal, N.L., & Rich, S.　1988　Personality similarity in twins reared apart and together. *Journal of Personality and Social Psychology*, **54**, 1031-1039.

植田　智・吉森　護・有倉巳幸　1992　ハッピネスに関する心理学的研究(2)－ハッピネス尺度作成の試み－　広島大学教育学部紀要(心理学), **41**, 35-40.

van Wolferen, K.　1994　篠原　勝訳『人間を幸福にしない日本というシステム』　毎日新聞社

Wilson, W.　1967　Correlates of avowed happiness. *Psychological Bulletin*, **67**, 294-306.

Watson, D., Clark, L.A., & Tellegen, A.　1988　Development and validation of brief measures of positive and negative affect: The PANAS scales. *Journal of Personality and Social Psychology*, **54**, 1063-1070.

吉森　護　1992　ハッピネスに関する心理学的研究(1)－ハッピネスに関する心理学的な基本問題－　広島大学教育学部紀要(心理学), **41**, 25-34.

吉森　護　1993　ハッピネスに関する心理学的研究(3)－ハッピネスに関

する心理学的理論－　広島大学教育学部紀要（心理学），**42**, 19-28.

■第2章

Adams, J.S.　1965　Inequity in social exchange. *Advances in Experimental Social Psychology*, **2**, 267-299.

Caplan,G.　1974　*Support systems and community mental health.* Behavioral Publications.（近藤喬一・増野　肇・宮田洋三訳　『地域ぐるみの精神衛生』　1979　星和書店）

Cassel, J.　1974　Psychosocial processes and "stress": Theoretical formulation. *International Journal of Health Service*, **4**, 471-482.

Cobb, S.　1976　Social support as a moderator of life stress. *Psychosomatic Medicine*, **38**, 300-314.

Deci E.L.　1975　*Intrinsic motivation.*　New York: Plenum Press.（安藤延男・石田梅男訳　『内発的動機づけ－実験社会心理学的アプローチ－』　1980　誠信書房）

土肥伊都子　2000　恋愛，そして結婚　藤田達雄・土肥伊都子（編）『女と男のシャドウ・ワーク』　ナカニシヤ出版　Pp.1-18.

Fujihara, T., & Kijima, K.　1990　Equity theory in the aged and their social supporter's relationships. *The Japanese Journal of Experimental Social Psychology*, **29**, 39-44.

古川孝順　1997　『社会福祉のパラダイム転換－政策と理論－』　有斐閣

Greenberg, J.　1981　The justice of distributing scarce and abundant resources. In M.J. Lerner & S.C. Lerner（Eds.）*The justice motive in social behavior: Adapting to times of scarcity and change.* New York: Plenum press. Pp.289-316.

平野隆彰　2000　『夢子がおばあちゃんになるとき－21世紀の福祉をになう君たちへ－』　ミネルヴァ書房

Illich, I.　1981　*Shadow work.* London: Marion Boyars Publishers.（玉野井芳郎・栗原　彬訳　『シャドウ・ワーク－生活のあり方を問う－』　1998　岩波書店）

石川奈津子　1995　『特別養護老人ホームの夜』　築地書館

北村年子　1997　『大阪道頓堀川「ホームレス」襲撃事件－"弱者いじめ"の連鎖を断つ－』　太郎次郎社

厚生省（編）　1996　『平成8年版厚生白書：家族と社会保障－家族の社会的支援のために－』　ぎょうせい

Latane, B., & Darley, J.M.　1970　*The unresponsive bystander: Why doesn't he help*.（竹村研一・杉崎和子訳 『冷淡な傍観者－思いやりの心理学－』 1977 ブレーン出版）

Lerner, M.J. 1980 *The belief in a just world: A fundamental delusion.* New York: Plenum Press.

Lerner, M.J., & Simmons, C.H. 1966 The observer's reaction to the "innocent victim": Compassion or rejection? *Journal of Personality and Social Psychology,* **4**, 203-210.

毎日新聞 2000 県ボランティア協会バザー 商品集まらず困惑 2月26日朝刊（静岡版）

毎日新聞社人口問題調査会（編） 2000 『日本の人口－戦後50年の軌跡－』

Maslach, C. 1993 Burnout: A multidimensional perspective. In W.B. Schaufeli, C. Maslach, & T. Marek（Eds.）, *Professional burnout: Recent developments in theory and research.* Washington, DC: Taylor & Francis. Pp.19-32

Maslach, C., & Jackson, S.E. 1981 The measurement of experienced burnout. *Journal of Occupational Behavior*, **2**, 99-113.

松兼 功 1994 『障害者に迷惑な社会』 晶文社

松井 豊・水田恵三・西川正之（編） 1998 『あのとき避難所は－阪神・淡路大震災のリーダーたち－』 ブレーン出版

Miller, D.T. 1977a Personal deserving versus justice for others: An exploration of the justice motive. *Journal of Experimental Social Psychology*, **13**, 1-13.

Miller, D.T. 1977b Altruism and threat to a belief in a just world. *Journal of Experimental Social Psychology*, **13**, 113-124.

南山浩二 1997 家族ケアとストレス－要介護老人・精神障害者家族研究における現状と課題－ 家族社会学研究, **9**, 77-90.

諸井克英 1983 不当なoutcomeの原因帰属に関する実験的研究（Ⅰ）－Lerner-正当世界仮説の検討－ 実験社会心理学研究, **22**, 109-122.

諸井克英 1998 対人関係における公正さ－親密な関係への衡平理論の適用－ 田中堅一郎（編）『社会的公正の心理学－心理学の視点からみた「フェア」と「アンフェア」－』 ナカニシヤ出版 Pp.41-59.

西堀好恵・諸井克英 2000 看護婦におけるバーンアウトと対人環境 看護研究, **33**, 245-255.

西尾幹二（編） 2000 『すべての18歳に「奉仕義務」を』 小学館文庫

Reich, R.B. 1991 *The work of nations: Preparing ourselves for 21st-century capitalism.*（中谷 巌 訳 『ザ・ワーク・オブ・ネーションズ－21世紀

資本主義のイメージ-』 1991 ダイヤモンド社)

Rubin, Z., & Peplau, L.A. 1975 Who believes in a just world? *Journal of Social Issues*, **31**, 65-89.

Rook, K.S. 1987 Reciprocity of social exchange and social satisfaction among older women. *Journal of Personality and Social Psychology*, **52**, 145-154.

櫻田 淳 1997 『「福祉」の呪縛-自助努力支援型政策の構想-』 日本経済新聞社

曾野綾子 2000 日本人へ 西尾幹二(編) 『すべての18歳に「奉仕義務」を』 小学館文庫 Pp.22-33.

総理府広報室(編) 1994 生涯学習とボランティア活動 月刊世論調査, 平成6年5月号, 53-101.

総理府広報室(編) 1999 社会意識 月刊世論調査, 平成11年9月号, 2-72.

総理府広報室(編) 2000 男女共同参画社会 月刊世論調査, 平成12年9月号, 106-196.

高木 修 1998 『人を助ける心-援助行動の社会心理学-』 サイエンス社

高木 修・玉木和歌子 1995 阪神・淡路大震災におけるボランティア-避難所で活動したボランティアの特徴- 関西大学社会学部紀要, **27**, 29-60.

高木 修・玉木和歌子 1996 阪神・淡路大震災におけるボランティア-災害ボランティアの活動とその経験の影響- 関西大学社会学部紀要, **28**, 1-62.

田尾雅夫・久保真人 1996 『バーンアウトの理論と実際-心理学的アプローチ-』 誠信書房

Tardy, C.H. 1985 Social support measurement. *American Journal of Community Psychology*, **13**, 187-202.

浦 光博 1992 『セレクション社会心理学8 支えあう人と人-ソーシャル・サポートの社会心理学-』 サイエンス社

van Tilburg, T., van Sonderen, E., & Ormel, J. 1991 The measurement of reciprocity in ego-centered networks of personal relationships: A comparison of various indices. *Social Psychology Quarterly*, **54**, 54-66.

Walster, E., Walster, G.W., & Berscheid, E. 1978 *Equity: Theory and research*. Boston: Allyn and Bacon

■第3章

Amato, P.R., & Booth, A.　1991　Consequences of parental divorce and marital unhappiness for adult well-being. *Social Forces,* **69**, 895-914.

Amato, P.R., & Keith, B.　1991　Parental divorce and adult well-being: A meta-analysis. *Journal of Marriage and the Family,* **53**, 43-58.

Amato, P.R., Loomis, L.S., & Booth, A.　1995　Parental divorce, marital conflict, and offspring well-being during early adulthood. *Social Forces,* **73**, 895-915.

Belle, D.(Ed.)　1982　*Lives in stress: Women and depression.* Beverly Hills, CA: Sage.

Bem, S.L.　1974　The measurement of psychological androgyny. *Journal of Consulting and Clinical Psychology,* **42**, 155-162.

Bernard, J.　1981　The good-provider role: Its rise and fall. *American Psychologist,* **36**, 1-12.

Crowley, M.S.　1998　Men's self-perceived adequacy as the family breadwinner: Implications for their psychological, marital, and work-family well-being. *Journal of Family and Economic Issues,* **19**, 7-23.

土肥伊都子　1999　『ジェンダーに関する自己概念の研究－男性性・女性性の規定因とその機能－』　多賀出版

土肥伊都子・広沢俊宗・田中國夫　1990　多重な役割従事に関する研究－役割従事タイプ，達成感と男性性，女性性の効果－　社会心理学研究，**5**，137-145.

婦人少年協会　1989　『既婚女子労働者の生活実態調査報告－育児期の母親労働者の実態－』　Pp.23-25.

Glenn, N.D., & Kramer, K.B.　1985　The psychological well-being of adult children of divorce. *Journal of Marriage and the Family,* **47**, 905-912.

Gohm, C.L., Oishi, S., Darlington, J., & Diener, E.　1998　Culture, parental conflict, parental marital status, and the subjective well-being of young adults. *Journal of Marriage and the Family,* **60**, 319-334.

Gove, W.R.　1984　Gender differences in mental and physical illness: The effects of fixed roles and nurturant roles. *Social Science Medicine,* **19**, 77-91.

Hardesty, S.A., & Betz, N.E.　1980　The relationships of career salience, attitudes toward women, and demographic and family characteristics to marital adjustment in dual-career couples. *Journal of Vocational Behavior,* **17**, 242-250.

Hirokawa, K., Dohi, I., Yamada, F., & Miyata, Y.　2000　The effects of sex, self gender type, and partner's gender type on interpersonal adjustment during a first encounter: Androgynous and stereotypically sex-typed couples. *Japanese Psychological Research,* **42**, 102-111.

Hofstede, G.　1980　Culture's consequences: International differences in work-related values. Beverly Hills, CA: Sage.

保坂哲哉　1982　社会保障制度の外観　地主重美（編）『社会保障読本』東洋経済新報社

伊藤裕子　1997　高校生における性差観の形成環境と性役割選択－性差観スケール（SGC）作成の試み－　教育心理学研究，**45**, 396-404.

経済企画庁　1997　『国民生活白書（平成9年版）』　大蔵省印刷局　p.159.

経済企画庁経済研究所国民経済計算部　1998　『1996年の無償労働の貨幣評価』

Kessler, R.C. & McRae, J.A.　1982　The effects of wives' employment on the mental health of married men and women. *American Sociological Review,* **47**, 216-227.

Kiecolt-Glaser, J.K., Malarkey, W.B., Chee, M., Newton, T., Cacioppo, J.T., Hsiao-Yinm, M., & Glaser, R.　1993　Negative behavior during marital conflict is associated with immunological down-regulation. *Psychosomatic Medicine,* **55**, 395-409.

古谷野亘　1983　モラールに対する社会的活動の影響－活動理論と離脱理論の検証－　社会老年学，**17**, 36-49.

松田智子　2000　性役割分業からみた夫婦関係　吉積京子（編）『結婚とパートナー関係－問い直される夫婦－』　ミネルヴァ書房

McGrath, E., Keita, G.P., Strickland, B.R., & Russo, N.F.（Eds.）　1990　*Women and depression: Risk factors and treatment issues.* Washington, DC: American Psychological Association.

Miller, J.G.　1994　Cultural diversity in the morality of caring: Individually oriented versus duty-based interpersonal moral codes. *Cross-Cultural Research,* **28**, 3-39.

三善勝代　1993　コミューター・マリッジ　袖井孝子・岡村清子・長津美代子・三善勝代（著）『共働き家族』　家政教育社

長坂寿久　2000　『オランダモデル－制度疲労なき成熟社会』　日本経済新聞社

ニッセイ基礎研究所　1994　『日本の家族はどう変わったか』　日本放送出版協会

落合恵美子　1997　21世紀家族へ（新版）　有斐閣

Olson, D.H., Sprenkle, D.H., & Russell, C.S.　1979　Circumplex model of marital and family system: Cohesion and adaptability dimensions,family types, and clinical applications. *Family Process*, **18**, 3-28.

太田さつき　1999　大学生を対象とした多重役割の資源拡張効果の検討　日本社会心理学会第40回大会論文集，342-343.

大塩まゆみ　2000　社会保障・社会福祉の家族観　杉本貴代栄（編著）『ジェンダー・エシックスと社会福祉』　ミネルヴァ書房

大竹美登利　2000　生活時間とアンペイドワークの評価　伊藤セツ（編著）『ジェンダーの生活経済論－持続可能な消費のために』　ミネルヴァ書房

三田市生活文化部人権推進課　2000　男女共同参画社会に関する市民意識調査報告書

Scanzoni, J.　1979　Social processes and power in families. In W.R. Burr, R. Hill, F.I. Nye, & I.L. Reiss（eds.）*Contemporary theories about the Family: vol.1.* Free Press: New York, pp.295-316.

清家　篤　1998　必要の家族から選択の家族へ　本間正明・跡田直澄（編）『21世紀日本型福祉社会の構想』　有斐閣

清家　篤　2000　『定年破壊』　講談社

Seligman, M. & Maier, S.　1967　Failure to escape traumatic shock. *Journal of Experimental Psychology*, **74**, 1-9.

塩田咲子　2000　『日本の社会政策とジェンダー－男女平等の経済基盤－』　日本評論社

Staines, G.L., Pottick, K.J., & Fudge, D.A.　1986　Wives' employment and husbands' attitude toward work and life. *Journal of Applied Psychology*, **71**, 118-128.

Stanley, S.C., Hunt, J.G., & Hunt, L.L.　1986　The relative deprivation of husbands in dual-earner households. *Journal of Family issues*, **7**, 3-20.

立木茂雄　1999　『家族システムの理論的・実証的研究－オルソンの円環モデル妥当性の検討－』　川島書店

立木茂雄　2001　『システム論的アプローチ』　野々山久也・清水浩昭（編）『家族社会学の分析視角－社会学的アプローチの応用と課題－』　ミネルヴァ書房　Pp.159-183.

Triandis, H.C.　1995　*Individualism and collectivism.* Boulder, CO: Westview Press.

上野千鶴子　1996　「家族」の世紀　井上俊（他）編著　『〈家族〉の社会学』　岩波書店　Pp.1-22.

Waldron, I. 1976 Why do women live longer than men? *Social Science and Medicine*, **10**, 349-362.

Watzlawich, P., Helmick, B.J., & Jackson, D. 1967 Pragmatics of human communication. *A study in interactional patterns, pathologies, and paradoxes.* New York: W.W. Norton & Company.

Wolfe, D.M. 1959 Power and authority in the family. In D. Cartwright (eds.) *Studies in Social Power.* Ann Arbor: University of Michigan. (外林大作訳　家庭における勢力と権威　千輪浩監訳　『社会的勢力』　1962　誠信書房　Pp.128-150.)

山田昌弘　1999b　『パラサイト・シングルの時代』　ちくま新書

山田昌弘　1999a　『家族のリストラクチュアリング』　新曜社

読売新聞　2000a　パート積極登用　オランダ方式に学べ　8月21日付

読売新聞　2000b　女性の年金　海外では…　11月14日付

読売新聞　2000c　高齢者の医療費　コスト意識導入　11月7日付

索　引

人名索引

あ　行

アマト（Amato, P.R.）　112,113
猪熊弘子　41
石川奈津子　71
伊藤裕子　91
ヴァンティルバーグ（van Tilburg, T.）　68
ウィルソン（Wilson, W.）　21
ウェアリング（Wearing, A.）　13
ウォツラヴィッチ（Watzlawich, P.）　109
ウォルフレン（van Wolferen, K.）　42
大竹美登里　98
太田さつき　104
落合恵美子　78
オルソン（Olson, D.H.）　84

か　行

春日武彦　20
北村年子　55
クラー（Klar, Y.）　18
クラウズ（Krause, J.S.）　13
クラメール（Kramer, K.B.）　112
グリーンバーグ（Greenberg, J.）　64
グレン（Glenn, N.D.）　112
クロウリー（Crowley, M.S.）　105
ケイス（Keith, B.）　112
ケスラー（Kessler, R.C.）　105
ケトラー（Ketelaar, T.）　28
ゴーム（Gohm, C.L.）　113,125
コスタ（Costa, P.T.）　14,26
古谷野亘　106

さ　行

櫻田淳　42
清家篤　100,117
塩田咲子　97
シモンズ（Simmons, C.H.）　56
ジャクソン（Jackson, S.E.）　72
シュテルンバーグ（Sternberg, M.）　13
ジラディ（Giladi, E.E.）　18
スタンレイ（Stanley, S.C.）　105
ステイン（Staines, G.L.）　105
セリグマン（Seligman, M.）　79

た　行

ダーリー（Darley, J.M.）　53
高木修　48
立木茂雄　86
玉木和歌子　48
ディーナー（Diener, C.）　11
ディーナー（Diener, E.）　9,11,21,22,31
テイラー（Taylor, S.E.）　20
デシ（Deci, E.L.）　52
テレゲン（Tellegen, A.）　31
土肥伊都子　104,108
トリアンディス（Triandis, H.C.）　113

な　行

長坂寿久　89
中村うさぎ　23
中村智志　8
西堀好恵　72

は　行

ハーデスティ（Hardesty, S.A.）　104
バーナード（Bernard, J.）　104
ハガティ（Hagerty, M.R.）　24
久田恵　7
広川空美　108
ブース（Booth, A.）　112
フェスティンガー（Festinger, L.）　18
ブラウン（Brown, J.D.）　20
ブリーフ（Brief, A.P.）　31
ブリックマン（Brickman, P.）　12
古川孝順　50
ベッツ（Betz, N.E.）　105
ヘッディ（Headey, B.）　13
ベム（Bem, S.L.）　108
ホフステッド（Hofstede, G.）　113

ま　行

マイアーズ（Myers, D.G.）　21
マイエー（Maier, S.）　79
マクラエ（McRae, J.A.）　105
マスラック（Maslach, C.）　72
マックレー（McCrae, R.R.）　14,26
三浦展　10
宮台真司　44
三善勝代　117
ミラー（Miller, D.T.）　56
ミラー（Miller, J.G.）　113
諸井克英　56,67,72

や・ら・わ行

山田昌弘　107,121
ラーセン（Larsen, R.J.）　26,28
ラーナー（Lerner, M.J.）　56
ライフ（Ryff, C.D.）　15
ラタネー（Latane, B.）　53
リッケン（Lykken, D.）　31
ルーク（Rook, K.S.）　66
ロートン（Lawton, M.P.）　34
ロビンソン（Robinson, M.D.）　15
ワルドロン（Waldron, I.）　117

事　項　索　引

あ　行

愛他性　2
安全基地　3,97
育児休業制度　93,97
育児手当　93
遺族年金　96
偽りのリアリティ　42
遺伝　30
医療保険　97
うつ病　80
円環モデル　85
援助　1
　——行動　1
男は仕事，女は家庭　94
オランダ・モデル（ポルダー・モデル）　89,100

か　行

介護保険制度の保険料　96
介護保険の見直し　107
介護保険法　70
核家族化　78
拡大家族　125
かじとり　84
家族　77
　——間の不公平　81
　——閉じこもり型　125
　——の協力関係　121
　——の世話役割　80

——の戦後体制　78
　　——への愛情　106
　　選択の——　117
　　必要の——　117
家族機能　84
家族研究　84
家族システム評価尺度（FACESKGIV-8)　85
家族(夫婦)システムの権力構造　85
家族賃金　98
家族福祉　77,82,117,119
家族療法　84
価値相応性　56
活動理論　106
家庭内離婚　118
過負荷　106
関係規範　85
機会費用法　98
気質的な見解　27
きずな　84
帰属　1
基本的信頼感　116
逆差別　97
給与所得　98
共依存関係　21
経済的自立　3
血縁関係　77
肯定的-否定的感情経験　113
肯定的な幻想　20
公的介護保険制度　1
幸福感　1,8
　　——幻想　2
幸福追求権　7
衡平性　66,104
合理的　126
高齢化率　33
高齢者　2
国民基礎年金の保険料　96
互酬性　104
個人主義　22
　　——的文化　113,125
コスト意識　4
固定的性役割観　91

孤独感　2
コミュータ・マリッジ　117
コミュニケーション　107
コミュニケーション・スキル
　　111,126

さ　行

再就職　121
再生産平等主義　78
最低限度の生活保障権　7
差別を是正するための暫定的措置（アファーマティブ・アクション）　97
3号年金受給者問題　107
3歳児神話　106,119
三田市の市民意識調査　83,90,102
ジェンダー（性役割）　2,3,93
　　——に関する自己概念　108
ジェンダー・ステレオタイプ　105
ジェンダー・タイプ　110
ジェンダー・フリー社会　120,127
資源の有限さ　64
自己欺瞞　2,15
自己実現型の援助やボランティア
　　126-127
自己中心性　19
自殺率　117
事実婚　118
　　——夫婦　117
自助努力支援型政策　68
自尊心　2
シミュレーション　4
市民性　83,116
社会の公正　1
社会的弱者　2,3,94,125
社会的ジレンマ　4
社会的信頼　1,83
社会的比較　1,18
社会福祉　1
弱者救済の場　3
充実感　23
集団主義的文化　113,125
住民税　121
主観的幸福感　1,8,113

主体性　126
主婦化　78
主婦症候群　97
順応水準　12
状況的・発達的ストレス　85
少子高齢化　99
女性性　108
女性の経済的自立　99
所得税　121
自律意識　84
人格的価値　56
人口学的移行期世代　78
人的控除　77
シンボリック・アナリスト　69
ステレオタイプ　2
生活共同体　117
生活満足感　8,113
性差観スケール　91
正当世界信念　56
性別化型　108
性別分業　93
戦後体制　117
双生児法　30
相補性　110
ソーシャル・サポート　116
損得感情　4

た 行

対称性　110
多重な役割従事　104
団塊の世代　78
男女共生　127
　――社会　94
男女共同参画社会　94
男性性　108
長期的相互協力体制　127
賃上げなき雇用確保　89
妻たちの思秋期　97
DINKS　117
定年　100
道具的な見解　27
トップ・ダウン理論　31

な 行

内助の功　96
日本型福祉社会　79
ニューファミリー幻想　44
認知的評価理論　52
年金　97
年齢制限枠　100

は 行

バーンアウト　72
配偶者控除　93
パラサイト・シングル　121
範囲原理　24
PGCモラール尺度　34
頻度原理　24
夫婦共働き　82
夫婦のコミュニケーション　81
夫婦の勢力関係　95
福祉共同体　2
福祉心理学　3
福祉の含み資産　79
保育所の整備　93
保育の社会化　82
奉仕活動　51
報酬勢力　105
母子家庭　118
母性愛　77
母性神話　119
補足性原則　78
ボトム・アップ理論　31
ボランディア　47
ポルダー・モデル　89

ま 行

マイホーム主義　78
民法改定　107
無償の愛　77
無償労働評価額　98
モラール　106

や 行

役割葛藤　106

索　引 ―― 143

役割関係　85
役割達成感　104
役割への関与度　104
養育費　116

ら・わ行

ライフ・イベント　14
ライフサイクル　121
離婚　95,112
離婚条件　107

離婚率　113,118
リスクの軽減　117
離別母子家庭　95
両性具有性　108
両性具有的な自己概念　125
連帯　116
連帯意識　84
老人医療費　4
労働時間差差別を禁止する法律　89
ワークシェアリング　89

■著者紹介

土肥伊都子（どひ いつこ）

1963年生まれ。関西学院大学大学院社会学研究科博士後期課程単位取得退学。博士（社会学）。社会心理学専攻。
現在, 神戸松蔭女子学院大学人間科学部心理学科教授。
著書に,『ジェンダーに関する自己概念の研究−男性性・女性性の規定因とその機能−』(多賀出版, 1999年),『女と男のシャドウ・ワーク』〔共著〕(ナカニシヤ出版, 2000年),『ジェンダーの心理学』〔共著〕(ミネルヴァ書房, 1999年),『社会と家族の心理学』〔分担執筆〕(ミネルヴァ書房, 1999年),『自己の社会心理』〔分担執筆〕(誠信書房, 1998年),『彷徨するワーキング・ウーマン』〔分担執筆〕(北樹出版, 2001年) 他。

諸井克英（もろい かつひで）

1952年生まれ。名古屋大学大学院文学研究科博士課程単位取得退学。博士（心理学）。社会心理学専攻。
現在, 同志社女子大学生活科学部人間生活学科教授。
著者に,『孤独感に関する社会心理学的研究−原因帰属および対処方略との関係を中心として−』(風間書房, 1995年), 他。

福祉の社会心理学
みんなで幸せになる方法

| 2001年 7 月25日 | 初版第 1 刷発行 | 定価はカヴァーに |
| 2011年 4 月11日 | 初版第 3 刷発行 | 表示してあります |

　　　　　著　者　土肥伊都子
　　　　　　　　　諸 井 克 英
　　　　　発行者　中 西 健 夫
　　　　　発行所　株式会社ナカニシヤ出版
　　　　　〒606-8316 京都市左京区吉田二本松町 2 番地
　　　　　Telephone 075-751-1211
　　　　　Facsimile 075-751-2665
　　　　　URL http://www.nakanishiya.co.jp/
　　　　　e-mail iihon-ippai@nakanishiya.co.jp
　　　　　郵便振替 01030-0-13128

カバー画・辻　弘／カバーレイアウト・白沢　正

印刷・吉川印刷工業所／製本・藤沢製本

Copyright © 2001 by I. Dohi & K. Moroi

Printed in Japan

ISBN 978-4-88848-655-2　C3011

◎本書のコピー、スキャン、デジタル化等の無断複製は著作権法上での例外を除き禁じられています。本書を代行業者等の第三者に依頼してスキャンやデジタル化することは、たとえ個人や家庭内での利用であっても著作権法上認められておりません。

好評発売中

女と男のシャドウ・ワーク
藤田達雄・土肥伊都子 編

従来影に隠されてきた親密な男女間の心理に光を当て，社会生活にも大きな影響を与えるものとして，DVやセクハラ等を含め考察する。　2200円

よくわかる高齢者の心理
近藤　勉 著

高齢者の心のケアの必要性が高まるなか，高齢者特有の心理をイラストや図版を豊富に用いて詳述する，わかりやすい入門書。　1100円

高齢社会を愉しむ
―オーストラリアに定年後の楽園を見た―
宮原英種・宮原和子 著

高齢社会の具体的な実像を人間の幸せの観点から捉える。全くの依存の時期を迎えるまでの間（第三齢代）をいきいきと暮らす方法とは。　1900円

高齢者と適応
藤田綾子 著

高齢者の心理の一般的特徴を始め，他世代との関係性や社会参加，その暮らしと人間模様など，高齢者の適応に向けた様々な課題を論じる。　4800円

障害特性の理解と発達援助
昇地勝人・蘭香代子他 編

障害児・者の教育／心理／福祉を，各々の障害特性を把握した上で心理的な援助の方法や社会のあり方まで総合的に論じる画期的教科書。　2800円

家族システム援助論
十島雍蔵 著

従来の家庭療法からナラティヴ・セラピーまでをオートポイエーシス理論に基づいて捉え直し，独自の「空我のアプローチ」を説く。　2400円

保育・家族・心理・臨床・福祉・看護の人間関係 [第2版]
坂口哲司 編

幼児教育から生涯発達をながめた上で人間関係の諸相を捉え，それぞれの現場での実践にどう生かすかを具体的に示したガイドブック。　2300円

表示は2002年10月現在の本体価格です。